分享经济

重新定义未来

凌发明◎著

重庆出版集团 重庆出版社

图书在版编目（CIP）数据

分享经济：重新定义未来 / 凌发明著 .—重庆：
重庆出版社，2017.3
ISBN 978-7-229-11768-9

Ⅰ.①分… Ⅱ.①凌… Ⅲ.①商业模式—通俗读物
Ⅳ.① F71-49

中国版本图书馆 CIP 数据核字（2016）第 276730 号

分享经济：重新定义未来
FENXIANG JINGJI：CHONGXIN DINGYI WEILAI
凌发明 著

选题策划：陈龙海
责任编辑：陶志宏 张 蕊
责任校对：夏 宇
封面设计：国风设计

重庆出版集团
重庆出版社 **出版**
重庆市南岸区南滨路 162 号 1 幢 邮政编码：40061 http://www.cqph.com
北京华韵大成文化传播有限公司制版
三河市九洲财鑫印刷有限公司印刷
重庆出版集团图书发行有限公司发行
E-MAIL:fxchu@cqph.com 邮购电话：023-61520646
全国新华书店经销

开本：710mm×1000mm 1/16 印张：15 字数：188 千
2017 年 3 月第 1 版 2017 年 3 月第 1 次印刷
ISBN 978-7-229-11768-9

定价：35.00 元

如有印装质量问题，请致电 023-61520678

前 言

在这个世界上，唯一不变的就是变化。尤其是对于时代趋势来说，它成为一种永续存在，却一直都在变化之中。并且，一直都在向着一个更高端、更成熟的方向发展和迈进。无疑，我们当下所处的时代，同样是一个伟大的、充满变革和奇迹的时代。在这个神奇的时代，你可以看到无数草根企业一夜扬名，也可以看到无数巨头企业黯然离场。这些既令人鼓舞，又让人神伤！而这一切，却是时代发展的必然趋势。

时代掀起的滚滚洪流，总会催生出很多新生事物，这些新生事物又成为推动时代发展和进步的重要砝码。纵观最近这几年的时代发展趋势，用风云激荡来形容也不为过。先是互联网经济雄起，紧接着又是移动互联网呼风唤雨，继而又是“互联网+” 席卷一切，可谓大戏连连，好戏不断。如今，时代再次站上一个新的起点，那就是分享经济。

其实，分享经济在我国存在的时间已经有好几年了，只是出于各种环境和条件的限制，一直未能进入大众视野，被众人认识和了解。如今，互联网技术的大发展，为分享经济的成熟带来了极大的利好。尤其是伴随着2016年全国两会的召开，李克强总理在两会工作报告中指出，“要大力推动包括分享经济在内的‘新经济’领域的快速发展”。政府高层的这一历史强音，直接成为分享经济站上风口的最大推动力。

不过，对于分享经济，不少人还处于一种模糊的认识状态，甚至是错误的认识状态。比如下面四种情况：

误区一：分享经济是免费经济。

更正：分享经济的本质是通过资源利用效率最大化创造新的价值，并获得一定收益，这既是对资源供给方的回报，也是保证分享经济可持续发展的动力。

误区二：分享经济是对传统行业的颠覆。

更正：分享经济是一种新的生态，也是一种新的发展理念和模式，任何一个行业都可以通过分享来创造更大的价值。

误区三：分享经济不安全。

更正：从理论上看，分享经济的开放透明和全程可追溯性为实现安全发展提供了有利条件。从实践上看，分享平台安全保障机制也在不断完善中，发展初期出现的一些安全问题，更多的是暴露或放大了原本就存在的问题。从未来发展看，分享经济将有助于从根本上解决安全问题。

误区四：分享经济会造成新的社会不公平。

更正：有人认为分享经济会加大数字鸿沟，并带来一些不公平竞争，但这是技术创新扩散过程中的必然现象，也是制度创新滞后的阶段性问题。从长期看，分享经济在扩大供给与需求、促进经济增长方面的作用将越来越明显，同时也为众多弱势群体参与社会创新系统提供了前所未有的条件和机遇，有利于促进社会公平与进步。

之所以出现这些错误认识，是因为他们并没有深入地了解分享经济，没有认识到分享经济的作用和优势。而本书的作用就是普及和分享经济有关的所有知识，告诉大家分享经济模式对我们的生活有哪些具体的影响，其中潜藏着哪些商机和利润，如何更便捷地参与到分享经济模式中，如何通过分享经济找到更多的收入来源和利润来源，如何让现有的传统经济模式搭上分享经济这趟快车，如何打造分享经济平台，如何使分享经济平台获得更为长远的发展，等等。

分享经济，就像是为中国量身定做的一种经济模式一样，它是中国经济实现弯道超车的有力武器。中国发展分享经济有四大有利条件：①经济转型升级的迫切需求；②中国人口众多，需要走资源节约型发展道路，加之中国人崇尚节俭的文化，分享经济但求所用、不求所有的理念，可大大节约社会资源；③中国是全球网民人数最多的国家，特别是随着智能手机的普及，移动互联技术在分享经济领域的应用众多；④中国互联网企业积极探索，提供了成功的经验。所以，中国非常适合发展分享经济，这一领域中蕴含着巨大的商机。

不过，众所周知，在当下这个时间节点上，分享经济还处于起步阶段，一切都还在跌跌撞撞中前行。分享经济领域的发展体系、运作流程、信用体制建设等，还只是初具雏形，还远未达到完善成熟的地步。所以，分享经济要想发展出一种成熟、顺畅、被普遍接受的模式，还需要假以时日。

但是，正是因为不完善，才存在着更多的机遇。只有在这个时候积极地参与其中，才能获得更多的发展契机和市场红利。在这个竞争白热化的时代，无论是对于企业还是个人来说，争分夺秒是生存的首要基础。只有快速行动，抓住一切先机，走在时代的前列，才能成就辉煌的未来。

正如我国互联网巨头企业腾讯创始人马化腾所说的：“相较而言，我国分享经济还处于发展初期，还有很远的路要走。2015 年中国分享经济市场规模超过 1 万亿元（占 GDP 比例不足 1.6%），其中非金融类的规模不足一成，而美国分享经济总量已超过 3 万亿元（占美国 GDP 的 3%），并且非金融类的占比超过九成。”这种对比数据意味着，我国分享经济的潜在市场规模非常大，谁能在这个领域占据先机，就一定会掘得亿万商机。

马云曾经对于趋势有个“四不”论述，如今已经成为行业金句。他的大致意思就是说，对于失败的企业和个人来说，往往都会经历四个阶段：“看不见”、“看不起”、“看不懂”、“来不及”。所以，机会永远只属于有准备的人，只属于先觉醒的人，只有这些人，才能占尽先机。

毕竟，人生比努力更重要的是选择！与时俱进是财富的源泉。所以，新的创业征程，新的财富之旅，从了解分享经济、参与分享经济开始！

目　录

▲ 第三章　四步走，成功创建分享经济平台

▲ 第四章　分享经济模式下的三大战略支撑

▲ 第五章　全民分享时代，用开放的态度拥抱变革

▲ 第六章　遵守三大军规，玩转分享经济

▲ 第七章　分享经济体制下，我们需要解决哪些问题

▲ 第八章　分享经济领域最佳的九大商业模式

▲ 附　录

第一章

分享经济，让未来充满无限可能

在中国这片轰轰烈烈，充满着神奇和壮丽的土地上，从来不缺少新生事物。尤其是在市场经济大潮的推动下，各种新生事物如雨后春笋般层出不穷。放眼今天的中国，分享经济无疑是当下最火、讨论度最高的新生事物。

分享经济作为一种新的经济形态，一种新的生产力，它依靠自身独特而又强大的优势，将互联网的创新成果深度融合于经济社会各领域之中，提升实体经济的创新力和生产力，形成更广泛的以互联网为基础设施和实现工具的经济发展新形态。它产生和存在的意义，绝不仅仅是为了改变某个领域的发展模式，而是肩负着影响中国、改变中国的神圣使命。也就是说，得分享经济者，得市场，得未来。

谁掌握了分享经济，谁就掌握了未来十年的发展先机

时代的发展永远都存在着一个共性，那就是每当时代发展到一个特定的时期，就会出现一个符合该时代特性的经济模式。纵观当今中国经济乃至世界经济的发展形势，我们会发现，当今的时代正处于一个新的历史变革期。而这一新的历史变革期，就是分享经济正在改变世界。

互联网的大发展催热了分享经济。伴随着2016年全国两会的召开，李克强总理在两会工作报告中指出，“要大力推动包括分享经济在内的‘新经济’领域的快速发展”。腾讯掌门人马化腾更是提出了一个大胆的预测：“分享经济将会成为促进经济增长的新功能，助力服务业成为拉动中国经济的主引擎”。这也是分享经济首次以议案的形式出现在全国两会上，并得到多位重量级人物的肯定，由此也引起了大众对分享经济的关注。

联系中国当前的形势：经济面临巨大压力，中央为缓解这种压力提出了供给侧改革策略，而基于分享经济去开发创新一些新的产品或者是通过共享达到资源的优化组合，无疑能够给供给侧改革提供重要的助力。

那么，到底什么是分享经济呢？分享经济是指利用互联网等现代信息技术整合、分享海量的分散化闲置资源，满足多样化需求的经济活动总和。它在国外又叫共享经济，2008年兴起于美国，最初是指人们利用闲置的房源、车辆、空余的时间或者是技能等进行共享，然后产生经济效益。

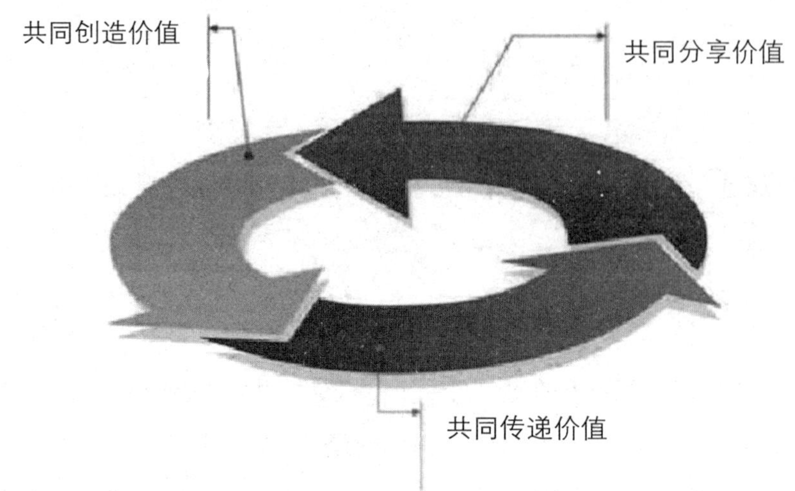

在国外，分享经济最典型的代表就是“Uber”和“Airbnb”。随着国外分享经济的持续发展与发酵，中国的分享经济也渐渐开始萌芽。近些年来，分享经济更是获得了突飞猛进的发展，产生了一些比较典型的商业模式，比如说滴滴专车等等。

严格说来，分享经济是一场自下而上的经济制度变革，这是对传统商业模式的颠覆，极大地提升了经济运行的效率。目前我国政府和企业之所以如此重视分享经济，赋予其超高的待遇，是因为它能为社会带来很多有利影响。比如说，分享经济可以助力大众创新、打造新经济增长点、扩大有效供给、激发创新活力、实现低碳生存、促进灵活就业、走向多元协同。

而这些影响，不仅利国利民，更重要的是，能够为企业创造更多的发展机遇，让企业在转型升级的过程中，获得更多的有效资源和更大的市场规模。

2016年3月，国家发改委等十个部门对外正式发布了《关于促进绿色消费的指导意见》一文。该意见提出，“支持发展分享经济、鼓励自有车辆租赁、有序发展网络预约拼车、完善绿色采购制度，并明确具备条件的公共机构要利用内部停车场资源规划建设电动汽车专用停车位，比例不低于

10%，引进社会资本利用既有停车位参与充电桩建设和提供新能源汽车应用服务。2016年，公共机构配备更新公务用车总量中新能源汽车的比例达到30%以上”。

随着该意见的出台，在新能源汽车市场，不少品牌相机而动，开始在分时租赁市场积极布局。在这个大的市场氛围下，北汽新能源汽车凭借着自己多年的分时租赁经验，依托移动互联网技术开始打造全新的绿色出行平台。

此次，北汽新能源汽车将目光瞄准了政府公务车，在该电动汽车分时租赁平台上，政府官员用车，会采用“公务出行、个人付费”的市场化租赁服务方式。

公务人员可通过PC端、手机、电话等方式进行选车和车辆预订，整个过程全部可自助完成。此外，还可选择公用还是私用。公务车出行租赁政策的出台，不仅优化了资源的配置、降低了行政的开支，更是减轻了环境污染与新能源汽车推广困难的问题。当然，更重要的是强化了政府对公务车的管理以及社会对公务车的监督，能有效地降低公务用车腐败以及对公务人员的一些不良影响。

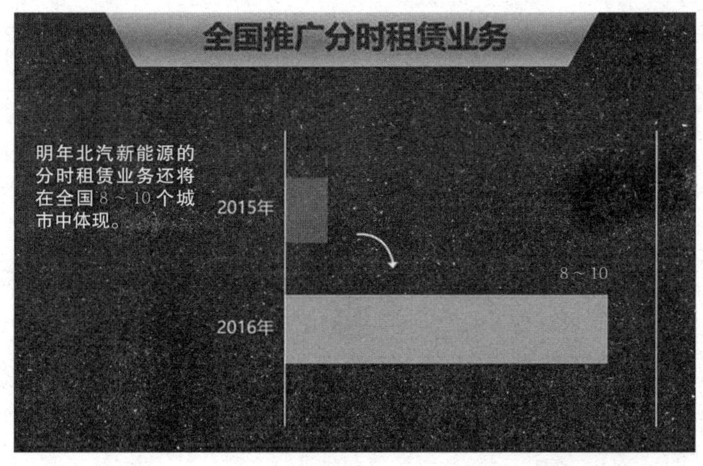

毫无疑问，北汽新能源汽车将分时租赁业务延伸到公车改革领域，是一个伟大的创举。2014 年 12 月，北汽新能源租赁被引进到了科技部，这成为了全国首例用电动车分时租赁解决公务用车需求的典型。2015 年 7 月，国务院副总理马凯针对北汽新能源分时租赁项目进行了相关调研，并对此模式给予了充分的肯定。

与此同时，北汽新能源股份公司总经理郑刚则表示："将分时租赁引入公车改革是非常好的机制，因为取消公务用车并不意味着用车需求的取消。其目的是增加效率，减少公车滥用。而采用分时租赁大大降低了用车成本，让公车使用更透明。"

事实也的确如此，国管局公共机构节能管理司负责人曾发言："2015 年通过连续运营 6 个月的统计数据测算，每辆新能源汽车每年可租赁运行 1.24 万公里，可节油 1200 余升，减少碳排放 2.77 余吨，取得了明显的节油减排效果。"

北汽新能源汽车对公务用车进行分时租赁，就是对分享经济的一个恰当应用。适逢国家政策对分享经济全面扶持阶段，北汽新能源汽车积极选定资源共享领域，推出公务车分时租赁业务。这在一定程度上提升了公车的使用效率，减轻了政府公务人员的腐败。不论是对北汽新能源汽车，还是对政府，这都是一场双赢的合作。

在中国经济开始重新起飞、国民经济高速发展的阶段，将一些闲置的资源进行重新配置，完成资源的充分合理利用，一方面是解决市场上供求失衡的一个重要方法，一方面也是拉动经济增长的一个重要手段。

正是因为发现了分享经济的这种神奇作用，近几年来，国内很多企业都在尝试用这种模式来运营。国家政策也释放出了对分享经济扶持的信号。凡此种种，无不启示着我们，吃透分享经济的精髓，接受分享经济的洗礼，紧紧拥抱分享经济，才可能会在这个"互联网 +"不断颠覆传统行业的时代赢得一线转机，获得更加长足的发展。

在这个竞争早已趋于白热化的时代，善于抢占先机的人，才更容易成为最后的赢家和最大的巨头。而分享经济本身具有的巨大威力，自然会成为识时务者眼中的香饽饽。未来谁能够抓住趋势，顺势而为，谁就能在这个大发展和大变革的时代中一飞冲天，取得不俗的成绩，谁就能把未来掌握在自己手中。而你，此时此刻，准备好了吗？

分享经济正在改变企业未来

分享经济虽然是一种市场发展的必然趋势，不能将其称为外国的舶来品，但不可否认的是，在世界分享经济发展的过程中，我国的发展步伐是晚于国外的，时间大概在3年左右。美国的分享经济起步于2008年的世界金融危机时期，而我国的许多分享经济企业于2011年前后开始创建。

在2011年，中国众多分享经济企业开始诞生，其中比较著名的有游天下、蚂蚁短租、途家等短租平台，还有全国最大的P2P网站陆金所互联网金融平台。此外，医疗领域医生闲暇时间分享的春雨医生、个人音频自媒体蜻蜓FM、远程外教51talk等分享经济企业，都是在这一年诞生的。

众多分享经济企业的诞生，掀起了我国企业在分享经济领域掘金的浪潮。2012年，现象级企业滴滴打车公司成立，P2P租车平台PP租车进入市场；2013年，全国首家众包快递企业人人快递成立，众包家政服务e袋洗成立；到了2014年，分享经济进入了发展高潮，这一年到处都是分享经济企业活跃的身影。

2015年，更是分享经济企业发展的黄金期，这一年，分享经济的市场规模与格局都发生了翻天覆地的变化，滴滴顺风车、巴士和代驾上线，网购二手交易App淘宝闲鱼、58转转、京东拍拍、百度外卖、美团外卖等接连上线，为我国分享经济的发展注入了更加鲜活的动力。

有企业，就必须有客户；有市场，就必须有业绩。如果没有众多消费者的支持，分享经济企业是难以存活下来的。而纵观当今的分享经济企业，他们大多都活得风生水起，这些也从侧面证明了众多消费者已经深深地融入到了分享经济中，并在其中扮演着非常重要的角色。这些不争的事实，充分证明了分享经济正在改变企业的未来。

而那些战略眼光超前的企业，在早其他竞争对手一步开展分享经济战略，无疑获得了比竞争对手更好的发展和更多的市场先机。

在当下的酒业，几乎没有人不知道酒特卖。酒特卖在 2016 年 1 月 13 日发布的 2015 年经营数据报告中提到，2015 年，平台销售额突破 3200 万，合作门店超过 60 家。或者有人觉得这些数据并不怎么漂亮，但对于一个成立不过短短一年的企业平台来说，却是一张非常漂亮的成绩单。

尤其是在烟酒店行业步入寒冬期，若做到单店收入不下降，已经是万幸了。酒特卖不仅顽强地生存了下来，并且还做到了逆势增长，这是非常值得称赞的。而酒特卖获得成功的法宝，靠的就是分享经济的指引。

在创办酒特卖之前，厚朴电子商务公司就已经具备了多年运营杜康酒业的电商经验，对于酒水流通行业非常了解。所以，它参照滴滴打车的商业模式，通过建立呼叫中心和广泛的网络营销，利用市场广泛的烟酒店闲置库存，为其植入电子商务的价格体系、配送体系与服务标准，通过“消费者—实体店”的订单完成自身客户积累与佣金攫取。这就是厚朴电子商务选择酒水 O2O 作为二次创业的项目，并且取名“酒特卖”的动机和预设的商业模式。

企业的核心价值就是创造消费者，基于这一原则，酒特卖共享了合作门店的店、货、人，并按照分享经济的核心，即制定规则和利润分享。在酒特卖的平台上，虽然不收取加盟费等各种硬性费用，但也有一整套的规则来帮助烟酒店经营者与消费者之间建立充分尊重、信任的关系，同时也设置了详尽的细则提升合作门店的服务。

比如说，烟酒店要想加盟到酒特卖平台，那么首先要向平台缴纳一定数额的保证金（合作到期后可以全额退还），如果出现品质等问题，将会作出相应的处罚，即从这些保证金中进行相应的罚款。而酒特卖平台每个月都会给烟酒店提供可观的订单，以确保平台上的卖家可以获利。这种分享机制，不仅可以让烟酒店更容易获得订单，而客户也更容易通过该平台迅速找到离自己最近、服务质量最高的商家，可谓一举两得。

当然，酒特卖提供的分享服务并不止上面这些，它在其他方面也会提供相应的服务。比如说，酒特卖还与各大酒厂的经销商合作打假，共同维护市场，市场督察人员也都是厂家和经销商的人，这也是一种资源分享和信息分享。

酒特卖的成功绝不是偶然，而是一种必然，因为它充分利用了分享经济的优势，让消费者、商家、市场这三个要素之间实现了无缝对接，在提升了营销效率的同时，还节省了营销成本，可谓一举多得。而未来，类似酒特卖这种商业模式会越来越多。

2016年2月28日，《中国分享经济发展报告2016》白皮书发布会暨分享经济工作委员会专家委员会成立大会在北京举行，这次大会可谓规模颇高，很多重量级的人物都出席了此次会议。比如中国互联网协会副秘书长杨一心，工业和信息化部徐强处长，委员会名誉主任委员、滴滴公司首席发展官李建华等。

当然，此次会议的主角还是《中国分享经济发展报告2016》，这份报告可谓看点十足。尤其其中提到的一些数据，更是让人心潮澎湃。

该报告指出：2015年中国分享经济市场规模约为19560亿元，在此领域参与提供服务者约为5000万，约占劳动人口总数的5.5%，保守估计，参与分享经济活动的总人数已经超过5亿人。报告中还提到，预计未来五年分享经济年均增长速度在40%左右，到2020年市场规模占GDP比重将达到10%以上，未来十年中国分享经济领域有望出现5～10家巨无霸平台企业。

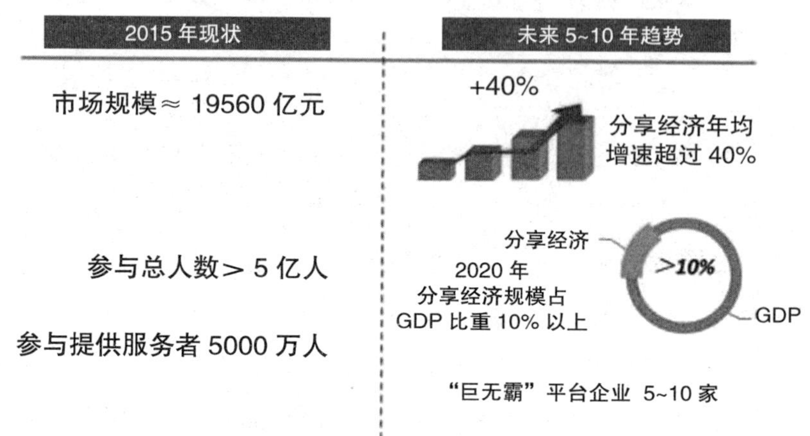

这些翔实的数据，无不证明了分享经济正在成为一种时代发展趋势，成为引发全民分享热情背后的网。而未来，将会有越来越多的人触“网”。其实，只要我们仔细留意一下互联网界的新闻，就会发现，分享经济在众人心中的位置已经越来越高，很多人都已经在有意无意间接受了分享经济，并与其发生着各种各样的交集。比如在 2016 年的春节期间，共有 109 万人通过跨城顺风车回家过年。这也是 2016 年分享经济第一次参与到这样大规模的活动事件中。

就连我国的互联网巨头腾讯企业的创始人马化腾都对分享经济赞不绝口，并在多种重要场合不断提及分享经济。比如在 2015 年 3 月 3 日晚，全国人大代表、腾讯公司董事会主席兼首席执行官马化腾接受全国数百家媒体采访时，主动提起了对“互联网 +”、“分享经济”等能够孕育“新经济”业态的土壤的看法。

他说：“分享经济正成为全球性发展风潮，它将为我国经济增长注入一股强大的新动能，这有助于中国经济实现动力转换，把服务业变成经济增长的‘主引擎’。可以说分享经济是我们见过移动互联网以来，一个最能代表这个特征的产物。就是你现在讲很多行业，在PC年代也能做，只不过程度没有那么好，但是分享经济还真的只有用移动互联网才能做，比如移动打车，你不可能抱着一个电脑在街上走，司机也不可能在车里安一台电脑，所以只有手机出现了才能做，而且这个市场很大，衣食住行是非常高频的应用。”

作为一家世界级的互联网公司的掌舵人，马化腾具有的前瞻性眼光远非常人可及。可即便是这样的巨头，依然在提出了“互联网+”的战略发展建议之后，又把建议的领域具体到了日渐被理解和接受的“分享经济”，这足以看出分享经济在未来时代是多么重要。

毕竟，“互联网+”如今正在深刻地改变我们的生活，改变着中国的发展进程，而正在逐渐强大和普及的分享经济，必然也会重复“互联网+”的壮举和神奇。所以，当有一天，你发现众多企业都遵循的是分享经济的发展模式，请不要惊讶，更不要震惊，因为这是时代发展的必然。

具备六个特征，才是真正的分享经济

如今，对于分享经济的讨论和运用热度，已经成为仅次于“互联网 +”的社会现象。可以说，分享经济在整个世界范围内正在迅速爆红起来。其实这一点都不奇怪，同“互联网 +”一样，分享经济也是信息革命发展到一定阶段后出现的新型经济形态，是连接供需的最优化资源配置方式，是适应信息社会发展的新理念。

众所周知，在科学技术不断发展，生产力和社会财富快速提升的情势下，经济过剩成为了一种难以避免的全球性问题，这也是时代发展过程中的弊端。因为当经济出现过剩时，经济剩余资源就自然而然地产生了，它在个人层面则表现为闲置资金、物品和认知盈余；在企业层面体现为闲置库存和闲置产能。如果这些经济剩余资源不能完美地化解掉，那么势必会成为社会发展过程中的一种累赘。

如何解决这种累赘？分享经济就成为了当仁不让的首要选择。它作为一种通过大规模盘活经济剩余而激发经济效益的经济形态，不仅是一种新的经济现象和经济形态，还是加速要素流动、实现供需高效匹配的新型资源配置方式，更是一种新的消费理念和发展观。所以说，分享经济在当今时代，具有极高的战略价值。

不过，要想切实地掌握分享经济，仅仅通过这些表面上的理解是完全行不通的，它需要我们进行更深层次的剖析和理解。也就是说，只有真正了解了分享经济的本质，才能切实地掌握分享经济。

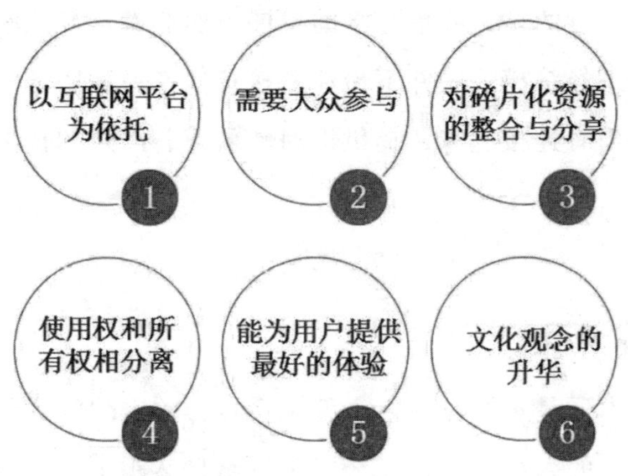

1. 以互联网平台为依托

在“互联网+”时代，一切离开了互联网平台的商业模式，在营销效率、发展成果等方面都会大打折扣，分享经济模式的成功同样也不例外。它的存在，正是基于互联网平台。也就是说，离开了互联网平台，分享经济将不复存在。正是因为有了互联网尤其是智能终端的迅速普及，使得海量的供给方与需求方得以迅速建立联系，从而为分享经济模式的成熟创造了有利条件。

2016年初，中国互联网络信息中心提供了这样一组数据：截至2015年12月，我国即时通信网民规模达到6.24亿人，较2014年底增长了3632万人，占网民总体的90.7%，其中手机即时通信用户5.57亿人，较2014年底增长了4957万人，占手机网民的89.9%。

这一系列数据有力地证明了移动互联网已经成为主流趋势，人们越来越依赖移动互联网，智能手机也在极大地改变人们的生活方式和生活习惯。同时也为了分享经济的顺利发展奠定了坚实的基础。

不过，需要注意的是，分享经济的发展虽然非常依赖互联网平台，但互联网平台在分享经济模式中并不扮演直接提供产品和服务的角色。它存在的意义是将参与者连接起来，提供即时、便捷、高效的技术支持、信息服务和信用保障。

2. 需要大众参与

分享经济的本质是重在分享，也就是将自己的空闲资源分享给其他人去使用，如果分享的人数过少，那么资源供给自然跟不上；而如果分享空闲资源的人充足，但寻找需求的人不多，那么这种模式自然难以维持下去。所以，必须是大众参与，确保供需双方都数量众多，收益群与需求群能形成广泛的互动，才能使分享经济模式发展下去。

所以，企业如果想要开展分享经济模式，就必须开放自己的平台，在让尽可能多的人参与其中时，还要尽可能地降低平台门槛，让普通个体只要拥有一定的资源和一技之长，就可以很方便地参与到分享经济中来，这样才能真正实现大众参与。此外，分享属于典型的双边市场，即供需双方通过平台进行交易，一方参与者越多，另一方得到的收益越大，两个群体相互吸引，相互促进，网络效应得到进一步放大。

3. 对碎片化资源的整合与分享

总的来说，分享经济模式中涉及到的各种各样的资源，其实都是非常分散和碎片化的，比如一个人拥有的闲置车辆资源，往往也就一两辆而已，这点资源并不能给广大群众带来便利，但是，拥有一两辆闲置车辆资源的人却并非只有一个人，而是千千万万。一旦将这些千千万万的闲置车辆资源整合到一起，再分享给有需求的人，那么无疑可以帮助到千千万万乃至更多的人。

这就是分享经济的魅力所在，它通过对海量的、分散的各类资源进行高效整合，然后再对这些整合好的资源进行高效配置，让其发挥最大效用，满足日益增长的多样化需求，实现“稀缺中的富足”。

如今依然是中国手机行业领军企业的小米，或许大家以为它的成功靠的是那个七字诀“专注、极致、口碑、快”，其实只要大家再深入地思考一下，就会发现，这里面其实也含有分享经济的影子。尤其是小米创造的参与式营销模式，就是对分享经济最好的体现。它通过创造一个可以供任何人分享自己知识和创意的平台，引导那些极客和用户广泛参与，在平台上分享自己的知识和创意，从而为产品以及操作系统的开发提供了无数帮助。而这些极客和用户分享出来的知识和创意就是碎片化资源，小米所做的，就是整合与重新分享这些资源。

4. 使用权和所有权相分离

使用权和所有权相分离，意思就是说你可以使用，但你无权拥有。这也是分享经济不同于以往的任何经济模式的差别所在。以往的经济模式中，你使用，你就有所有权。但分享经济模式导致权属关系产生了新的变化。一般而言，分享经济主要通过所有权与使用权的分离，采用以租代买、以租代售等方式让渡产品或服务的部分使用权，实现资源利用效率的最大化。

提起上海连尚网络科技有限公司，可能没有多少人听说过，但是如果提起这家公司的产品，估计绝大多数的人都知道，因为这款产品叫 WiFi 万能钥匙。相信绝大多数智能手机上都安装有这款 App。WiFi 万能钥匙运用的模式就是典型的分享经济。用户通过平台提供分享自己的 WiFi 网络，让周边的用户免费接入。对于信息基础设施尚未完善的地区来说，WiFi 分享满足了大量用户的上网需求。而且，WiFi 万能钥匙能够基于联网热点对用户场景进行判断，并进行精准化推送，实现线上线下闭环服务。

而在其他用户使用 WiFi 万能钥匙时，他们对于密码的使用，只限于使用权，没有所有权。在未来，随着分享经济市场规模的进一步扩大，以及这种经济模式持续深入到各个领域，人们就会越来越习惯这种只有使用权，没有所有权的新常态。

5. 能为用户提供最好的体验

任何新的经济模式的发展与流行，前提都是建立在广大用户认可和青睐的基础上。分享经济这种新模式同样不例外，它只有给用户提供比以往的经济模式更好的体验，才能得以持续发展下去。而分享经济市场发展取决于用户体验，主要体现两个方面：一方面是快捷、低成本，另一方面是公开、透明、可追溯。

而具体的表现形式就是，分享经济可以极大地降低用户交易成本，能够满足用户快速、便捷、多样化、低成本等个性化需求，并且还能确保用户的评价和建议能够得到及时、公开、透明的反馈。而要做到这些，并非一件容易的事情，它需要平台与供给方不断改进服务，以提升用户体验为第一原则。

6. 文化观念的升华

分享经济之所以能在传统经济铜墙铁壁的围剿中杀出一条血路，便在于它在文化观念方面表现出来的异变。传统经济时代，人们往往抱有“求所用更求所有”的文化观念，这样做的直接结果就是造成了大量闲置资源的浪费。有相关数据表示，平均一辆车只有4%的时间在行驶，96%的时间是闲置、浪费的。

而如今随着分享经济的出现和当前人类环保意识的觉醒，人性中固有的社会化交往、分享和自我实现的需求终于有了实现的机会。此时，“不求所有、但求所用”的文化理念便开始占据上风，并迅猛普及。其实，在这种观念不断普及的背后，还有一个更深层次的推动因素，就是这种文化观念可以给分享之人带来更多的经济利益。

所以，当分享经济被大众认可后，传统经济时代的资源中介和出租等模式将会逐渐灭亡，比如租房租车中介、广告代理、管道商等，未来都很难生存下去。尤其是在每个人都希望能够提高可支配收入的背景下，分享经济将资源拥有权和使用权拆分，让我们可以不必花钱去购买那些可以按使用付费的东西，无疑是最快捷的提高可支配收入的方法。所以，从这个意义上说，分享经济也是去中介化和再中介化的过程。

上面六点就是真正的分享经济所具有的特征，企业在开展分享经济模式时，只有完全符合了这六个特征，才能最大限度地获得成功。而要在分享经济领域获得成功，不管你是什么样的企业，都有很长的路要走，很多的关口需要闯。

分享经济的优势

虽然在前面我们已经简要地论述过分享经济的优势，并已经了解了分享经济可以为我国社会经济的发展带来有利的推动作用。但了解得依然不够详细，只有越加详细地了解其优势，我们在运用分享经济模式时，才能更好地找到关键突破口。而分享经济最大的优势，主要体现在以下四点。

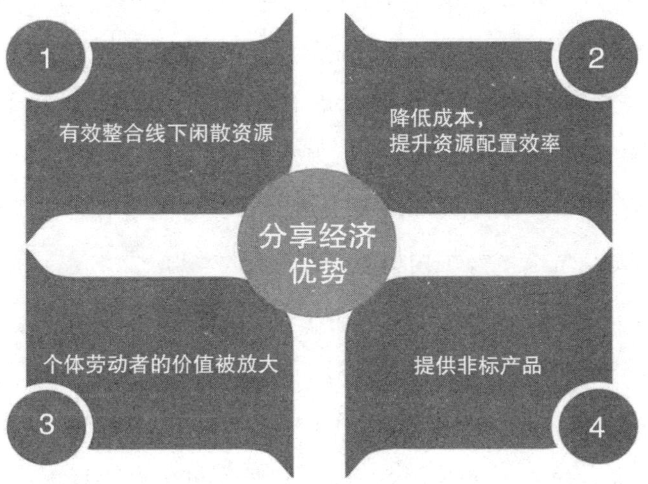

1. 有效整合线下闲散资源

时代的变革，必然带来商业模式的变革，而商业模式的变革，又必将催生出新的组织结构。所以，在分享经济时代，分享经济将会塑造出全新的、更符合当今时代需求的组织结构。而其最大的特征，就是能够基于互联网平台，利用互联网工具和渠道，有效整合线下闲散资源。

尤其是在“互联网 +”时代的开启，PC 端的作用正在逐渐降低，手机移动端已经占据主流的当下，整合线下闲散资源的效率将会大大提升。毕竟，手机移动端使用起来更加方便、快捷。比如消费者在等公交、排队、坐车甚至是上厕所的间隙，都可以拿出手机把玩一下，在把玩的过程中，就可以完成对闲散资源的供给或索取。

这种便利，为企业整合线下闲散资源提供了非常重要的帮助。毕竟，企业希望消费者做的事，消费者轻易就可以做到，这是最美好不过的事情了。

如今，在我国的旅游度假领域，Weshare 我享度假平台正在成为这一领域的领军人物。面对“互联网 +”与分享经济的巨大历史机遇，Weshare 我享度假平台伺机而动，在 2016 年初首创了分权度假屋共享换住平台。Weshare 我享度假的商业模式充分考虑国人需求，在嫁接分时度假这一成熟商业模式的同时引入产权保障概念，形成了全新的分权度假模式。

虽然 Weshare 我享度假平台成立不久，但它凭借自己强大的实力和先进的模式，吸引了很多线下闲散资源。目前，绿地、万达、绿城、雅居乐等 30 余家旅游地产开发商已与 Weshare 平台达成了战略合作，涉及国内主要旅游度假胜地的优质旅游地产项目，遍及三亚、西双版纳、大理、青岛等地多种物业类型，满足不同家庭的度假需求。

而对于未来的发展态势，Weshare 我享度假平台已经有了明确的发展规划和市场目标，在 Weshare 我享度假平台上线一周年内，它要在国内完成 100 个目标项目，分布国内 40 个城市或景区。2017 年，将实现海外布局 5 城，全球布局 50 城。大家可以试想一下，当这些目标次第实现时，Weshare 我享度假平台整合的线下闲散资源该是多么庞大啊。

正如Weshare我享度假平台的董事长李嘉政在一次记者采访中所说的：“Weshare我享度假平台重新定义中国度假旅居生活方式，将以共享经济真正解决中国旅游地产开发企业开发困境，解决家庭度假屋消费的核心难题”。Weshare我享度假平台将来的成功，一定是建立在将更多的线下闲散房屋资源整合到一起的基础上。

2. 降低成本，提升资源配置效率

于2015年3月22日在深圳举办的2015中国（深圳）IT领袖峰会会议上，腾讯公司董事会主席兼首席执行官马化腾说了这样一段话：“过去很多行业是分很多层次和阶段的，有了移动互联网，就可以转化为以人为本，以人为中心，一切需求都是以个体需求在网上延伸、辐射到制造业、服务产业以及各行各业。”

大家如果深入地思考一下马化腾的话，就会理解他说的“以人为本，以人为中心”的真正意图，没错，他说的“以人为本，以人为中心”，其实就是尊重人性，这也是他如今为什么如此看好分享经济的根本原因。

因为分享经济是一种尊重人性的经济模式，它无论是对于企业还是个人，都可以实现降低成本，提升资源配置效率的愿望。以企业为例，企业在整合线下资源的时候，自然就极大地降低了企业的成本。因为这些资源并不是掏钱去买的，而是以中介化的形式或者租借的形式获得的。

而对于个人来说，同样是降低了成本，提升了资源配置效率。比如你想开车来一场长途自驾游，但是你又没有车，怎么办呢？有了分享经济，就不用发愁了。分享经济平台会为你物色一辆满意的车让你开着去旅游，你只需要支付很少的使用费用就可以，而不用花几十万去买一辆。如此一来，你不用买车的那部分钱，就可以用到更需要钱的地方去。这就极大地提升了你的资源配置效率。

所以，分享经济的优势就在于无论是对于供给方还是需求方，都可以极大地降低他们的成本，大大提升资源对接和配置的效率。降低的成本，不仅体现在资金成本上，还体现在时间成本上。

3. 提供非标产品

非标产品其实是相对于标准产品而言的。标准产品的专业解释是，为了满足大工业生产的需要，将已生产的，经使用证明性能良好的机械设备进行定型，并且系列化，称为标准产品。而非标产品正好相反，它是指不按照国家颁布的统一的行业标准和规格制造的产品或设备，而是根据自己的用途需要，自行设计制造的产品或设备，且外观或性能不在国家设备产品目录内。

分享经济时代的非标产品，其实就是个性化产品。随着时代的发展，人们生活水平的提高以及对品质要求更加高端化，从而造成了消费者的需求趋于个性化。而这种现状导致的直接后果就是以往企业青睐的大规模生产模式，也就是先生产后销售的方式被消费者抛弃，消费者开始非常反感这种落后的且毫无特色的营销方式。

所以，无论是企业还是个人，只要你想获得更好的业绩，就必须求新求变，向个性化方向转变。只要你提供的产品或服务能够符合消费者的个性化需求，而你又懂得通过分享经济平台将你拥有的资源贡献出来，那么你就一定能获得很好的回报。

当然，这种非标产品，绝不是狭隘地仅仅指代制造业，它涵盖的是所有领域。而在如今的分享经济展现出来的非标产品领域，个性化民宿可谓是独树一帜。

非标住宿作为旅游领域的重要分支之一，它是指为消费者提供个性化的客栈、民宿、公寓、精品酒店、房车、集装箱等住宿产品，它不同于传统酒店，是由个人业主、房源承租者或商业机构为旅游度假、商务出行及其他居住需求旅游者提供的除床、卫浴外，更多个性化设施及服务的住宿选择。

当分享经济在我国刚刚冒出头的时候，非标住宿就已经存在了，经过这两三年的发展，非标住宿领域已经粗具规模，并且发展势头非常不错。就目前的市场形势来看，非标准住宿产品具有房源更分散、单点房源量较少、单个房间产品更个性化、经营主体多元化、提供个性化设施及服务、相对依赖“互联网 +”的特征，但还没有形成品牌化。

而要想走得长远，品牌化是必不可少的战略。在这一方面，分享经济可以更好地使其实现品牌化运营。因为分享经济平台的首要任务就是聚拢线下闲散资源，当平台将众多个性化民俗聚拢到平台上时，这个品牌化运营就可以实现了。这一点，不仅仅是针对个性化民宿领域，所有领域都可以使用。

4. 个体劳动者的价值被放大

我们在前面已经讲过，分享经济本身就是一个去中介化和再中介化的过程。而这种模式，注定颠覆以往的财富分配方式，得以让个体劳动者的价值被放大。众所周知，在传统经济模式下，用户是经过商业组织而获得产品或服务，而商业组织的高度组织化决定了它们提供的主要是单一、标准化的商品或服务。

同时，商业组织的高门槛性，也决定了个体劳动者和服务提供者无法直接、自主地为消费者提供服务，只能依附于商业组织，间接地通过它们来向最终消费者提供服务。如今有了分享经济，它将打破这种结构和模式。个体劳动者只要拥有产品或服务资源，就可以通过分享经济平台，直接将这些资源共享给其他人，从而获得相应的报酬。

当然。这种报酬要比以往依附商业组织获得的报酬要高得多。如此一来，个体劳动者的价值就被放大了。而个体劳动者的价值被放大，这将极大地促进广大个体劳动者参与到分享经济中去的积极性。聚沙成塔，集腋成裘，广大个体劳动者的参与和支持，无疑是确保分享经济高速平稳发展的最好温床。

所以说，分享经济的持续，不仅会使个体劳动者的价值被放大，使他们变得更加独立，还会使越来越多的商业组织、中介机构的重要性被弱化，直至灭亡。因为在分享经济时代，个体劳动者不需要组织，只要拥有一个分享经济平台就足够了。

精准把握分享经济的核心机制

如今，中国分享经济市场的发展如火如荼，众多企业在看到了分享经济的威力和战略价值，都幡然醒悟了。俗话说，亡羊补牢，为时未晚。虽然有些企业在分享经济领域起步较早，且已经在市场上站稳了脚跟，但整个中国分享经济市场的规模还不够大，市场化程度还不够成熟，所以尚有许多蓝海地带还未被发掘。如今开始在分享经济领域进行深耕细作，依然有很大的战略价值和发展前景。

不过，分享经济在展现出巨大的市场价值的同时，也往往会让众多企业难以捉摸，觉得难以把握其精髓，导致走了不少弯路或者冤枉路。其实，无论是对于企业还是个人来说，只要精准把握了分享经济的核心机制，并有针对性地进行完善，就完全可以掌握这种模式，并利用它创造出无限商机和财富。

下面我们来看看决定分享经济模式的几种核心机制。

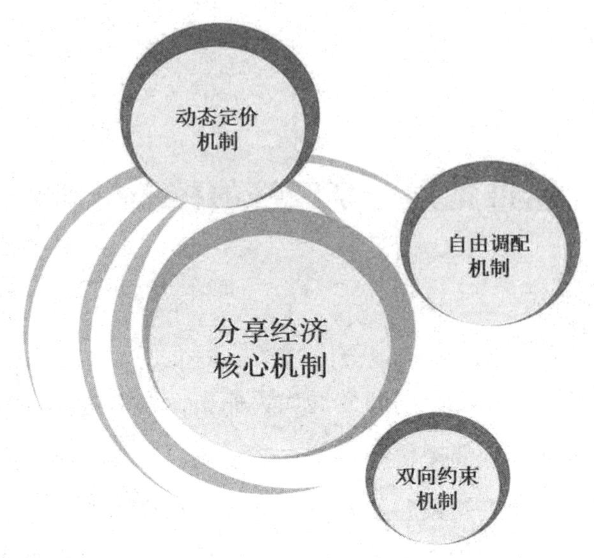

1. 动态定价机制

动态定价机制，简单地说，就是供给方提供的产品或者服务的价格不是一成不变的，它会根据相应的情况进行相应的调整。这也是分享经济模式不同于传统经济模式的地方所在。因为传统经济模式的定价机制是固定的，是不会更改的。当产品或者服务从交付出去的那一刻起，定价就已经固定了。

而这种固定的、不可更改的定价机制，也已经成为制约传统经济模式继续向前发展的最大桎梏。我们举个简单的例子，就以出行领域的出租车服务为例吧。传统的出租车业务，它的定价是固定的，也就是多少元起步，然后以每公里多少元的价格计算服务费用。如果在平时比较空旷的街道上，出租车司机在拉客时就不会有什么惰性。但如果是在出行高峰或者比较偏僻的地方，出租车司机就不愿意去拉客了。因为这无法确保司机的收入和付出成正比。

就以北京的出租车司机为例，当你在出行高峰期，就很难等到一辆出租车，因为这段时间内，交通堵塞非常严重，出租车司机如果去拉客，往往花费两个小时的时间所赚到的钱，都抵不过其他时间段一个小时内赚的钱。如此一来，出租车司机的出勤积极性自然会大打折扣。并且有法律政策的制约，出租车司机没有自主提价的权利，只能忍气吞声。长久下去，自然会给整个出租车行业带来极大的不利影响。如果是去比较偏僻的地方，出租车司机同样会拒载，也是因为同样的道理。

但是，分享经济模式却可以很好地解决这一点，而它解决这一痛点的法宝就是动态定价机制。以分享经济的始祖 Uber 公司为例，它在世界范围内的知名度都很大。很多中国企业都是在受了 Uber 公司的影响后，才进军分享经济领域的。所以我们经常会听到这样的豪言壮语："我们的企业一定会成为中国版的 Uber。"关于 Uber 的具体内容，我们会在后面的章节中看到。

Uber 公司在创立之初，就将自己定位为分享经济平台，并且制定了 Uber 动态定价模型，在这个模型中，当需求大于供给，算法会自动提高价格，减少需求提高供给，使得供需达到一个动态平衡。而当供给逐渐大于需求时，价格又会恢复到初始水平。这个过程循环往复，始终维持着平衡。

我们再以滴滴快车为例，在高峰时段或者偏僻路段，即快车供给小于需求的时候，滴滴快车依据自行研发的算法进行动态调价，即在每单应有价的基础上增加一定金额，以刺激更多供给。以北京为例，最低调价 3 元，最高调价无上限，最高动态调价的成交价曾出现过 89 元。同样，滴滴打车和 Uber 一样，能让车辆供给与乘客需求曲线基本处于拟合状态。

那么，它们到底是如何确保车辆供给与乘客需求曲线基本处于拟合状态呢？这正是分享经济的魅力所在。滴滴打车平台上的司机都是独立的，闲散的线下劳动力，供给量灵活。同时，滴滴打车会通过自己建立的大数据系统，及时准确地将需求信息推送给乘客周边的司机。利用移动设备，司机快速由非载客状态切换为载客状态。正是凭借信息的快速流转，司机可随时依据需求调节供给，从而促进了供需的平衡。再者，滴滴打车在高峰时期通过大数据算法进行提价，为供给方提供更多的收益，促使他们愿意在高峰时期提供乘车服务。

当这种种因素综合到一起后，就确保了供需能始终处于一种平衡状态。而在这些因素中，动态定价机制扮演着不可或缺的作用。而传统经济模式由于不具备这种优势，所以在分享经济时代寸步难行。

或许有人会说，动态定价机制价格过高的话，难道不会影响到分享经济的服务水准，降低用户体验吗？这种担心是多余的，因为分享经济不仅能给消费者提供更好的服务体验，还能大大提升用户的资源配置效率。试想一下，当你花钱都打不到出租车，或者需要花费十几万买辆车来解决出行问题时，分享经济平台只需要你花费很少的一部分钱，就可以获得完美的服务，你又何乐而不为呢？

此外，对于共享经济平台上的供给方来说，只要他们提供的产品或者服务为被充分利用，或者处于闲置状态，且共享获得的报酬高于共享需要付出的成本时，他们就会有动力参与到分享经济中。所以，无论分享经济平台如何进行动态定价，只要能让供给方处于收支平衡点的上方，就可以无后顾之忧。

2. 自由调配机制

自由调配机制，是指分享经济平台上的供给方可以自行决定自己的服务时间，它不像传统经济模式那样，产品或服务提供者需要受商业组织的制度限制，有固定的上下班时间。这种自由调配机制，无疑可以吸引一大批有服务意愿但时间不固定的劳动者进入市场，这也进一步拓宽了供给端的劳动者数量。

毕竟，这种模式太方便了，不受任何限制，可以根据自己的实际情况，决定自己是否提供产品或服务。如果不愿意提供，也不会接受到任何处罚或不良后果。我们就以出行领域的滴滴打车为例。它和传统出租车行业不同，传统的出租车司机需要遵守白班、晚班的倒班制度，上班时间就必须准时上班，不能翘班。而滴滴打车平台上的司机，可以对自己的出车时间进行动态调节，甚至利用碎片化时间进行载客服务，而帮助司机从“上班”状态到“下班”状态，只需要触动 App 上一个按钮即可。

或许有人会担心这种自由调配机制，会大大阻碍分享经济的发展，因为当客户需要服务时，这种自由调配机制会导致某一时间段内没有服务可供给。其实这种担忧同样是多余的。分享经济带来的是对供给端的线下闲散劳动者能量和数量的释放，大量的供给方将会弥补某一时间区域内劳动力不足的缺陷，也就是说，10 个劳动力，总有一个劳动力愿意出勤吧，而这一劳动力的出勤，正好可以对应一个需求方。况且，供给方是以数千数万的单位计的。再者，分享经济平台是一个“多劳多得”的机制，供给方付出得多，获得的报酬就越多。这种种有利因素，都可以确保分享经济即使在自由调配机制下，仍然可以顺利发展下去。

3. 双向约束机制

分享经济模式，从根本上对传统经济模式进行了颠覆。以往的传统经济模式，主要对需求方提供诸多方便，也就是更为保护需求方的权益，基本上都是单向约束机制，具体的表现形式就是需求方可以对供给方进行评价，而供给方却无法对需求方进行评价。如今的分享经济，打破了传统的用户（需求方）对产品或服务提供者（供给方）的评价机制，建立起了一个需求方和供给方双方相互评价的体系。

也就是说，需求方可以对供给方进行评价，而供给方也可以对需求方进行评价。不要小看这些评价信息，它们决定了你以后获取服务的状况或者获取业务的状况。比如你是需求方，当你在接受服务的过程中表现得不好的话，供给方就会对你给予差评，而这一差评将会存在你的个人信息中，并且被分享经济平台上的其他供给方看到。如果你多次被供给方给予差评，时间一久，你将会出现在众多供给方的黑名单上，他们将会拒绝为你提供服务。

举个例子，比如你要约车，如果你过往的乘车评价较差，那么提供拼车服务的司机就可以选择不接单。如此一来，你只会自食苦果。这种机制将会促使你在今后接受服务时表现得更好。同理，对于提供约车服务的司机来说，如果过往的服务评价较差，同样很难接到订单。所以说，这种双向评价机制，将会促使分享经济向更好的方向发展。这种经济模式，是最能体现供需双方，也就是客户和服务者双方平等关系的模式。

第二章

四个社会逻辑：支撑分享经济落地生根

如今，分享经济正在以前所未有的声势席卷全球，在世界范围内掀起一股分享风暴，并以其特有的方式重构原有的商业逻辑。更为重要的是，分享经济占尽了天时地利人和，在社会上拥有强大的支撑基础，尤其是凭借四个社会逻辑的助推，让它得以在传统经济模式一统天下的环境中撕开一条裂口，让个体也不再是孤立的存在，而是有了更多社会联结，让人们的生活变得更加美好。下面，就让我们来看看支撑分享经济落地生根的四大社会逻辑吧。

分享经济的风行靠的是什么

在时代风云变幻的过程中，任何经济模式的风行都不是偶然的，它是社会发展过程中催生出来的必然结果。也就是说，任何经济模式的风行，都是社会发展的产物。当其契合了社会发展过程中天时地利人和这三个要素时，其风行就成了必然。

无疑，分享经济的风行自然也是社会发展的产物。而支撑它风靡世界的因素，主要是由以下六个因素决定。也就是说，下面的六个因素，是分享经济风靡世界的驱动力。

1. 用户需求的提升

当今时代的发展日新月异，人们的生活水平正呈现着翻天覆地的变化，尤其是在工业化任务已经基本完成，物质产品极为丰富的当下，消费者的需求也开始向更高层次的方向发展。过往的消费和生存理念已经与今天这个时代格格不入，人们越来越注重个性化的消费体验和自我价值实现。

在这种形势下，传统的经济模式已经很难满足用户日益增加的多样化需求，从而导致消费市场产生了诸多痛点。比如说，供需对接不畅、成本高、效率低、效果差、诚信缺失等，如果这些痛点不能得以完美的解决，那么势必会对整个社会发展和消费市场的稳定造成非常不利的影响。而想要化解这些痛点，就必须创造新的经济模式。如今，不仅能够有效化解这些痛点，还能给消费者带来更好体验和推动产业发展的分享经济模式，自然是最佳的选择。

2. 提高收入的意愿

经济的发展，人们需求意愿的提升，自然会让人们想获得更好的生活品质。但是这些美好的生活品质并不是随随便便就可以获得的，它是需要用金钱来换取的。所以，在这种形势下，人们就有了赚更多钱的意愿，如此才能让自己获得更好的生活品质。而分享经济正好可以满足人们提高收入的意愿。分享经济能够让人们将多样化资源或碎片化时间利用起来，通过提供服务获得一定收益，有了更多创造价值、增加收入的机会。这无疑是分享经济有着广泛的拥护的基础。

3. 信息技术的推动

经济的发展离不开科学技术的进步，有了更好的科学技术，经济才会发展得更快更好。我们如今的生活之所以能比以前优越很多，离不开科学技术的发展。分享经济的一大基础就是互联网技术。我们在前面已经讲过分享经济是基于互联网平台而存在的。虽然互联网技术在很多年前就已经存在了，但是它还不够成熟，还无法满足支撑分享经济平台的条件。

而如今，随着互联网技术的迅猛发展以及智能手机的大量普及，才为分享经济提供了适宜的生存土壤。比如说，基于互联网技术的智能终端的普及可以让参与者随时互联，可以让移动支付和基于位置的服务的分享变得简单快捷。再比如说，基于互联网技术的大数据的应用，可以实现资源供需双方的精准高效匹配，极大地降低了个体之间碎片化交易的成本。因此，信息技术创新成为分享经济发展的最强推动力。

4. 消费理念的转变

在工业时代，人们奋斗的目的主要是为了满足物质需求。当社会发展到互联网时代，人们的物质需求已经得到了满足，这时候人们的精神需求比如社会化交往、自我价值实现等，就开始被重视起来，只有满足了这些精神需求，人们才不会感觉到空虚。而分享经济借助信息技术赋予人们以社交化的方式进行交流、分享和创造价值的能力，无疑正好满足了人们的精神需求。

再者，当今社会的发展趋势，为人们树立了强烈的环保意识、节约意识，这促使人们逐步放弃了过度消费的追求，更加重视节约资源、创造社会价值。同时，年轻一代有着不同于老一辈的消费理念，他们更乐于分享，这些都促使他们积极参与到分享经济中去。毕竟，还有什么比人的意愿更具有推动力呢。

5. 灵活就业的追求

当今时代，人们更崇尚自由、随意，像以往那种在一个岗位上干一辈子的时代已经一去不复返了，尤其是年轻一代，他们已经无法忍受这种“从一而终”的生活，他们更喜欢灵活自由的生活，求新求变成为他们生活中的新尝试。所以，越来越多的人开始拒绝高度紧张、机械化的工作方式，并加入了自由职业者的队伍。而分享经济正好为人们提供了这样的机会，让人们可以自由随性地选择自己喜欢的工作生活，减轻个人对社会的依赖，可以随时按照自己的意愿进入或退出社会生产过程，并且还能保证获得一定的收入。

小张今年28岁，大学毕业后便进入当地一家IT企业工作，在这家企业一干就是四年。四年来，每天都要按时签到打卡，工作一点都不自由。并且，由于职业的特殊性，加班加点成为家常便饭。2015年6月，小张终于厌倦了这种生活，向公司递交了辞呈。

辞职后的小张感到无比轻松，在家好好休息了一个月后，他发现自己最终还是要面对一个非常现实的问题，就是生存。没有工作就没有收入，没有收入自然就无法生存。可是如果还要找工作的话，那么意味着自己要接着过以往那种枯燥乏味、单调重复的生活，这是他最不愿意面对的，不然他也不会辞职了。

在经过一番思考后，小张发现自己完全可以借助分享经济来获得一定的收入。于是，小张做了一个详尽的计划。他先是加入了滴滴打车分享平台，平时可以自己拉客户，获得一定的报酬。同时，他还加入了一家分享物品的平台，把自己的不少用品分享出去，比如户外装备、钓鱼工具等，而分享物品时，还可以获得一定的报酬。最后，他又在一家公司找了一份兼职工作，平时为这家公司制作一些网页或者App软件。

如此一来，小张就有了三份收入。更为重要的是，他自由快乐了很多，因为他可以随心随意地安排自己的时间。如今，小张已经在分享经济的平台上愉快地度过了近一年的时光，且他的收入并没有因为缺少一份稳定的工作而缩减。

6. 资本市场的热捧

最近几年，分享经济迅猛的发展势头，不仅仅出现在中国，放眼整个世界，都会看到分享经济规模迅猛扩张的步伐。2015 年滴滴出行公布的融资总额就已经超过 229.45 亿元，美团网、蚂蚁金服分别获得融资总额 138.6 亿元和 121 亿元；2010—2013 年，全球流向分享经济的投资额累计 43 亿美元，2014 年和 2015 年两年的投资额分别为 85 亿美元和 142.06 亿美元（合计 227 亿美元）。

出现这种现象的一大因素就是其有着资本市场的热捧。资本都是逐利的，哪个行业或者哪个领域更有发展潜力，资本就会涌入这个行业或者这个领域。无疑，分享经济领域是未来几年内最火的领域，它必定有着广阔的发展前景。所以，大量的资本涌入这个领域，在不差钱的情况下，分享经济自然可以获得非常好的发展。

分享经济的风行从不是依靠一种因素就可以实现的，它需要多种因素综合起来，才能为风行打下坚实的基础。正是靠着以上六种因素作为综合驱动力，才促使其获得快速平稳的发展。在未来，伴随着这六种驱动力的作用充分显示出来，分享经济的发展将会得到进一步的普及。

下面，我们再详细地剖析一下支撑分享经济落地生根的四个社会逻辑。只有了解了这四个社会逻辑，我们在利用分享经济的过程中，才会更加得心应手。

分享经济大潮下生产方式与生活方式的变革

两年前，阿里巴巴的创始人马云在谈及阿里移动战略时，曾说过这样一段话："无线互联网是PC互联网最大的挑战，同时亦是互联网最大的支持。很多互联网从业者尚未对PC互联网研究透彻，就进入移动互联网。因此，部分人仍停留在互联网的角度看传统行业，而移动互联网从业者已经站在新的视角开始观察互联网，这对于全球互联网公司而言都是巨大的挑战。我个人觉得手机将来会成为数据消费器，它真正改变了生活方式，如果PC改变了我们的工作方式，生产制造方式，无线互联网是生活方式的变革，中国未来会因为无线互联网而发生天翻地覆的变化。"

这段话在当时被很多人奉为圭臬，因为马云对于未来趋势的判断一向非常精准，所以他的话总能引起很多人的重视。而在2014年两岸企业家台北峰会的开幕式上，马云在发表专题演讲时再次表达了自己对于生产方式与生活方式变革的见解。他说："技术方面，未来的技术将从IT（资讯科技）走向DT（数字科技）；经济方面，封闭、利己的经济正在发生极大的转变，未来的经济一定是分享、透明、担当的经济。"放眼当下分享经济如火如荼的发展态势，我们会发现马云确实是个战略眼光极为超前的人。

如今，随着分享经济的发展，我们的生产方式与生活方式确实在发生极大的变革。而这种变革又将促进分享经济更好地发展。也就是说，分享经济与我们的生产方式、生活方式之间是互相推动、促进的关系。那么，我们的生产方式、生活方式的变革，又表现在哪些方面呢？

我们先来说说生产方式的变革。在分享经济时代，生产方式最明显的变革就是向分享资源和智能生产方向转变。分享资源就是说，所有生产过程中涉及到的一切资源都可以分享。比如人力资源、设备资源、场地资源、物流资源、数据资源甚至是技术资源等，都可以被用来分享。

搞建筑出身的张老板，眼看这几年房地产行业不景气，便有了转行的想法。经过一番考察，他选择了纺织制造行业。俗话说隔行如隔山，初入纺织制造行业的张老板，对于这一行可谓一窍不通。但是张老板是个非常有智慧的企业家，他并没有盲目地去做决策，而是找到了百度和阿里巴巴的相关负责人，和他们进行合作。

通过百度和阿里巴巴这两个巨头拥有的数据库，张老板知道了市场需要什么样的纺织品，消费者对纺织品都有哪些要求，面对什么样的消费群体更容易打开市场，不同年龄段的消费者对纺织品的颜色、样式、风格有什么特殊要求。

由于是刚刚踏入一个全新的领域，张老板并不敢盲目地进行投资，毕竟一个大的厂房和一整套生产设备是一笔巨大的开销，如果第一次不能成功打开市场的话，那么会让自己赔个底朝天。所以，聪明的张老板想到了分享经济平台。他从一家分享经济平台上找到了一家设备租赁商，和他们谈成了合作。这家设备租赁商不仅提供设备，还可以提供厂房和仓库。张老板所要做的，就是找到技术工人和负责产品销售。

也就是说，有了分享经济平台，可以为张老板的前期投资节省很大一笔资金。如果产品上市后反响很好，张老板就可以购买生产设备和厂房，为企业今后的长远发展作打算了。当然，张老板如果还不愿意马上大张旗鼓地买设备和建厂房，依然可以继续在分享经济平台租借设备和厂房。

而智能生产是指从产品特性、成本、物流到产品的安全性等都进行最优化产品制造。智能生产的生产管理结构具有新颖、全面、先进的特点，通过物联网传感层采集数据，能够智能地对产品进行定位、生产、库存、监测、运输、出库等一系列工序，从而实现了对整个生产线进行有效的管控，最终达到最优化的目的。

当分享资源和智能生产两种模式相结合时，将会极大地推动社会的发展，深刻地改变人们的生活。因为不仅创业者、商家、企业可以以更低的成本进行各种生产工作，还可以有针对性地生产产品。这种生产方式生产出来的产品，就是为消费者量身定做的产品，无疑可以更好地促进销售。

大家不妨试想一下，当企业的生产成本大大降低，且生产出来的产品完全满足消费者的喜好，在这种情况下，企业的发展会是怎样的一种情景呢？无疑，一定会得到突飞猛进的发展，因为企业得到了天时地利人和一切有利条件。而企业的高速发展，必定会推动社会的进步。这就是分享经济为什么能给社会带来巨大红利，能推动国家供给侧改革、工业 4.0 快速发展的原因。

接下来我们再来看看分享经济对生活方式的变革。通过前面章节内容的讲解，大家已经大概知道了分享经济对于我们生活的影响。没错，它可以极大地改变我们的生活状态，让我们每个普通人都可以获得更好的生存机会。《中国分享经济发展报告 2016》也显示，2015 年参与分享经济活动的总人数已经超过 5 亿人，主要集中在金融、生活服务、交通出行、生产能力、知识技能、房屋短租等六大领域。这一数据已经充分证明，分享经济已经深刻地影响了我们的生活方式。

以往我们想要一件东西，首先想到的就是购买。因为只有购买了才能得到它，才有权利使用它。但是有了分享经济，当我们想要一件东西时，首先想到的不再是购买它，因为通过分享经济，即便我们不购买它，依然可以拥有它和使用它。就像我们想使用一辆车，已经没有必要非得去买一辆车，通过分享经济平台，轻而易举就可以获得一辆自己想要的车。虽然这辆车并不是属于自己的，但在权限范围内，自己可以随时使用它。

其实，不仅仅是车，未来很多东西都可以通过分享经济来获得使用权。比如生活用品、房屋暂住等。即便是办公产地都可以通过分享经济获取。

2015年11月30日，优客工厂在上海的首个项目漕河泾·优客工场正式开业。这个项目是由优客工厂创业投资有限公司联合上海临港经济发展集团联合打造而成的。项目的核心理念就是“一张桌子带来的社区和服务”，意在为入驻企业带来更为立体的服务。其实优客工厂的战略模式就是分享经济，并且还制定了一个共享经济“九字要诀”：生态、社群、分享、大数据。这九字要诀中“分享”的实质，就是高效利用每种资源和每个利益相关者。进入优客工场这个家庭，办公场所是最大的沟通、资源共享平台，一旦共享，就会创造出更多的商业机会和市场资源，这对于企业的发展有着巨大的帮助。

正如优客工厂的创始人毛大庆在一次记者采访中所说的："我们的办公空间面向创业者和小微企业，我们希望在提供办公空间的同时提供配套服务和导师实战指导，并借助创业社区为创业者提供广泛的社交和资源整合渠道，借此提高这些企业未来成功的概率。中国的经济已经到了需要通过科技来进行拉动的时代，而这些独角兽公司的诞生需要更好的土壤和环境，而我们就是希望提供这样的环境。"

创业作为我们生活方式中的一种常见事物，它都因分享经济而发生了积极的变化，这种变化还会波及到生活中的方方面面，进而带来更加广泛的影响。试想一下，如果给予分享经济足够的发展时间，它将会给我们的生活方式带来多大的变化啊。到了那一天，你一定恍若隔世。

总之，分享经济的发展，无论是对于生产方式的变革，还是对于生活方式的变革，它都远远利大于弊，这也是它能在当今时代落地生根的根本原因。如果你不想被这个时代淘汰，你就应该勇敢地参与到分享经济中去。

从“我”时代到“我们”时代

随着时代趋势的发展，人们的生活方式发生了剧烈的变化，很多以前只能在我们的想象中存在的事情，如今已经变成了活生生的现实。过去的时代，是一个各自为战的时代，而如今却是一个大融合的时代，是一个合作共赢、资源共享、优势互补的时代。也就是说，如今的时代，已经从“我”时代跨越到了“我们”时代。

而这一切，都是分享经济带来的时代红利。当分享经济开始在社会上出现，通过发达的社交网络的推动，我们每个人，不再是一个独立的个体，而是成为了一个分享者或者接受分享者，这让我们可以与社会发生各种各样的交集和关系。在满足他人意愿的同时，也会给自己带来很多收获。

在分享经济出现之前，很多资源一直都被上层建筑或者是精英群体占据，普通人难以与外界产生密切的联系。而分享经济出现之后，这种通过自上而下的方式来分享的格局被彻底打破，普通大众也可以跳出以往的格局牵绊，凭着发达的社交网络跨向更大的格局，从而与外面的世界产生密切的交际。直播平台就是一个非常具有说服力的事物。

直播平台这几年发展得非常迅速，市场规模正在以一种令人惊讶的速度扩大。直播平台又被称为草根文化传播者，用户通过自建互联网视频直播室的方式将自己的资源分享给他人。与传统直播的定义不同，网络直播只要用户能提供真实的身份，通过直播平台认证，播放合法的内容，每一个人都能够申请成为分享者，将自己所擅长的资源公之于众。

这种分享经济催化下的产物，可谓真正帮助人们实现了从“我”时代到“我们”时代的跨越。用户不再被动依赖于机构、名人、专家等载体提供所谓的资源选择和优化，从与自己相同身份的普通人身上即可获得感兴趣、有价值的内容。更重要的是，用户可以在第一时间用弹幕的方式与资源分享者沟通，从而使分享者本身也能快速了解到其资源的价值所在。

而这种分享经济平台上，用户可以通过分享自己的资源来获取观看者支付的一定报酬，而观看者也可以通过获取用户分享的资源，进而得到另一种形式的回报，比如学到了某些技能。在当今的中国市场，最火的直播平台，莫过于声名在外的斗鱼直播平台了。2016 年，斗鱼直播平台的注册用户总数已超过 1 亿人，签约主播的总数超过 1 万人，每天都有超过 4000 人在自己的直播间里分享内容，而每天观看这些内容的用户达到 1500 万人。

斗鱼平台提供的这一系列数据，充分证明了分享经济在我国拥有着非

常广泛的消费者基础。它的平民化和细分化已经被发挥到了极致，无数的人已经从“我”时代过渡到了“我们”时代。并且，这种跨越还改变了很多人的命运，比如说已经有不少主播在平台上通过才艺的分享，获得了上百万的粉丝，其知名度不亚于一线的明星。

其实，只要我们仔细留意一下身边的人和事，就会发现分享经济建立的发达的社交网络已经极大地改变了我们的生活方式，让我们可以更加随心所欲地生活。

三联生活周刊上一位名叫杨璐的作者前不久写过一篇名为《共享经济，一个时代来临》的文章，这篇文章极具阅读价值，非常细致地展现了分享经济时代对人们生活方式的影响和改变。

她在文章的开头写道：“共享经济正在从一个新鲜事物变成我们生活的一部分，一个新时代被开启了。在北京，越来越多的人不坐出租车，用 Uber 出行，不住酒店，通过 Airbnb 住在当地人家里，不去餐馆而是选择私厨。更有万众创业的热情和资本的青睐让共享经济的模式突破吃住行的领域，遍地开花。就在写稿子的时候，朋友圈里被 Uber 刷屏，互联网上的网友以‘Uber 进军 ×× 行业’的结构煞有介事地创造了涉及各行各业的段子，仔细推敲，其中居然不乏可行的项目。”

同时，她在文章中分析了“我们为什么共享”这个问题，分析的方法很简单，并没有什么深奥的理论，而是用自己的亲身经历，向我们展示了分享经济时代背景下的生活原型。下面我们来看看她写的部分内容。

5 月份，我去了一趟哥本哈根。我没有童话情结，所以小美人鱼和安徒生都是过眼云烟，不远万里牵动我内心的是一个非常庸俗的行为，买“北欧风格”的家居用品。我一心扑在购物上，没心思考虑其他，我就近订了哥本哈根步行街附近的一家酒店，可同行的朋友通过 Airbnb 订了地铁站边的一户人家，价格比酒店便宜很多。我退了酒店住到了当地人的家里，本来只是为了省钱，却让这次单纯的购物之旅有了意想不到的收获。

房东是一对年轻的夫妇，有一个两岁多和一个两个月大的孩子。他们并没有家人或者保姆帮忙，而是两个人轮流照顾。这同中国的情况太不一样了，我们的话题从这里开始，涉及两国的文化、福利系统、各自的家庭情况。我们对对方很陌生，我们又对对方很好奇。

我不再是住在标准化的酒店里，吃标准化的早餐，充其量走出游客区，到当地人才去的餐馆里浮光掠影地了解风土人情。这一次，我真的深入到了一个社区，住进了一个当地人的家里。我知道了哥本哈根家常早餐就是从冰箱里把酸奶、奶酪拿到桌子上，配上麦片和买来的面包，唯一需要加工的环节是冲一壶咖啡。男主人跟社区里很多邻居一样有跑步的习惯，身材练得很好。女主人虽然刚刚生产不久，可即便一个人要照顾两个小朋友，也会铺个瑜伽垫在地上，跟着视频塑身。他们家里没有电视，女主人有时候会用收音机放音乐，天黑下来就在窗台上燃起蜡烛，夫妻俩在烛光里喝酒聊天。

我的“北欧设计之旅”也丰富起来，不仅仅是博物馆那种冷冰冰的展示，还亲身体验一个当地家庭的用心和审美，房间格局、颜色搭配、家具、家居的布置。女主人拿出像辞典一样厚的丹麦设计图册，给我们介绍她喜欢的设计师，某样作品出名的典故，和她家装修的思路。买回来的东西，我都一一跟他们交流，作为这些牌子的资深用户，男女房东会给我点评和建议：哪些东西买得好，既然喜欢这个，还有另外一个可以买。

我的同事徐菁菁去年就成了 Airbnb 的用户，去巴西采访世界杯，她一直住在当地人的家里，不仅迅速跟桑巴文化打成一片，还把房东发展成向导兼司机兼翻译。回国之后，在不出差、不写稿的时候，徐菁菁家也短暂地接受 Airbnb 的房客。

你想了解一个城市，就走进一户人家住下来，你想足不出户地认识世界，就敞开家门迎接旅行者。分享经济拓展了旅行的乐趣，我们都成了 Airbnb 的“粉丝”，即使不订房间，也会在上面看图片，遇到特别喜欢的装修，就很想住进去体验一下，这成了下一次旅行的期待。

杨璐的这篇文章很长，所以我做了适当的删减和调整，只选取了部分内容。但这一部分内容，已经足以让我们看到分享经济对我们生活的影响。

在当今这个分享经济至上的时代，如果你不能尽快地融入这个时代，不仅会失去很多让自己的生活生动起来的机会，还会错失很多改变生活品质的机会，并且越来越多的人开始走向分享经济平台，开始迈入“我们”这个大集体，如果你还不参与，你就会感到“孤单”。因为时代大融合的浪潮，正在将你远远地抛到时代后面。

而正是因为分享经济这种积极的推动作用，才让人们愿意接受它，并参与到其中去。这就为它的落地生根提供了坚实的基础。

分享经济的社会运作逻辑

随着分享经济的不断发展，以及它在各个领域的不断深耕，如今已经站稳了脚跟，对传统经济模式实现了逆袭，人们越来越重视分享经济模式。如今分享经济大致有三种表现模式：一、以产品为中心的模式。这种模式是指用户可以通过分享经济平台来获得某种物品的使用权，但不需要拥有它，比如常见的房子、汽车、DVD 等物品；二、再分配市场的模式。这种模式是指用户可以把自己暂时不需要的物品转移到另一个需要它的人手中，例如二手市场，有些转移是免费的，有些是进行物物互换；三、协作型生活的模式。这种模式是指拥有共同需求或者利益的人聚集在一起分享或者交换某种无形资产，比如时间、空间、技能、知识等。我们在上一节讲的直播平台，就属于这种模式。

分享经济的三种表现模式

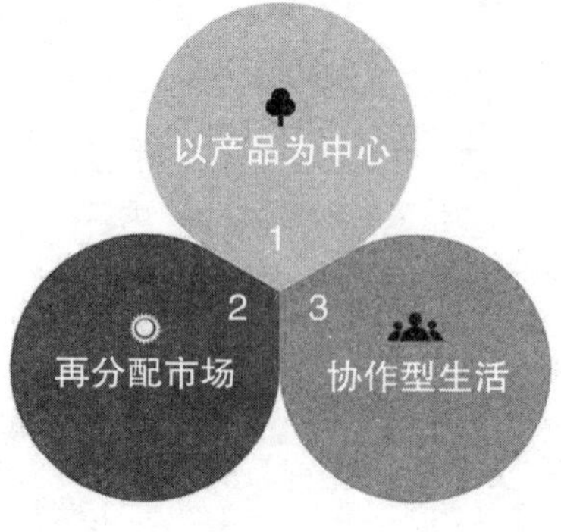

分享经济之所以能在如此短的时间内获得如此大规模的普及，并形成了三种稳定的模式，这和其社会运作逻辑有着很大的关系。下面我们来看看分享经济的社会运作逻辑。

纵观当下分享经济的发展态势和表现形式，它的社会运作逻辑主要体现在三个方面，即交易成本、信任、机会公平。

1. 交易成本变低

关于分享经济模式中的交易成本，我们在第一章已经进行过简要的讲解，所以在这里不再做过多的赘述。总之，在有了非常成熟的互联网技术和大数据运用技术的时代，个体在客户端留下大量数据信息，包括购买、消费、浏览、收藏等。这些数据经由平台数据分析系统的处理，转换成给用户的推荐，很多情况下这样的推荐正是用户当下所需，这也是节省交易成本的互联网产物。而对于企业来说，节省交易成本的原理同样如此。

由快畅科技有限公司开发的芝麻拼房App，是一款基于地理位置，集合聊天交友、酒店预订和酒店床位分享功能的移动手机应用。它的功能非常强大，不仅可以帮助您实现与驴友、拼友通过聊天窗口实时分享您的所见所闻、特色民宿酒店的愿望，还可以让您在趣味中以最优惠的价格拼到性价比最高的房子。

作为分享经济住宿领域的代表，在芝麻拼房平台上，用户可以依照自己的主题发起不同的拼单需求，比如出差、看演唱会、旅游等不同主题，然后根据标签选择志趣相投的人一起拼单，例如年龄段、星座、性别、爱好等。在拼单详情页面，可以查看拼单发起者的个人资料，以及拼单地址、价格、时效、参与人数、付费方式等。付费方式有很多种，比如AA制、一方全部承担、进一步协商等。

当然，能够在竞争激烈的出行住宿领域生存下来，芝麻拼房当然不只拼房这一功能，在线社交是芝麻拼房的另一个核心功能，拼友之间可实时发送语音、图片、地理位置，甚至视频。这一点，也是芝麻拼房能俘获众多用户芳心的主要原因。虽然目前芝麻拼房在市场上的占有量还有待提升，但它的存在，已经充分证明了分享经济能够降低交易成本的社会运作逻辑。

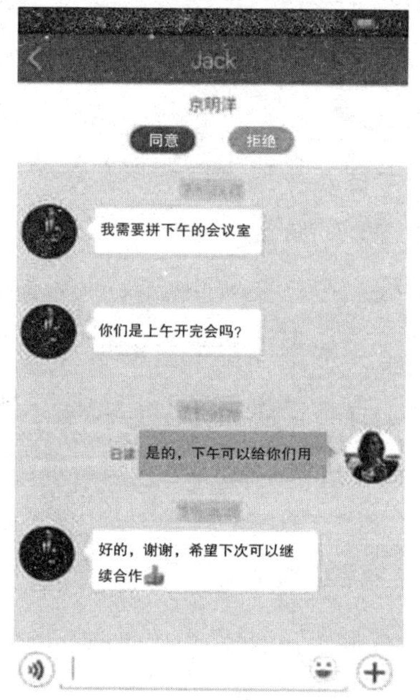

2. 陌生人之间彼此信任

在传统经济模式的时代，鉴于各种各样的原因，人与人之间的信任很难建立，尤其是陌生人与陌生人之间的信任，几乎没有建立的可能，往往只能凭借中介这一特殊角色来牵线搭桥，比如销售员、股票经纪人、中介商、代理商等。但是到了“互联网 +”时代，这种中介角色反而成了多余，共享经济平台促使用户去相信陌生人。这种信任涵盖范围非常广泛，比如相信滴滴打车司机的开车技术、相信入住自己房间的旅游者、相信二手物品的描述等。

或许，很多人会觉得好奇，这种交易同样是陌生人与陌生人之间的交易，双方之间的信任又是如何形成的呢？这主要是依靠分享经济平台建立认证和互评机制。在每个分享经济平台上，互评机制的衍生物就是诚信等级，而诚信等级又是衡量个体在分享经济中的诚信度的标准，个体为了提高自己的诚信等级也会选择诚信友好行为。

在这种互相制约、互相促进的情况下，自然可以建立起一个值得信任的交易氛围。当然这一切的结果都必须建立在评价是真实的基础上。在一个开放、相互信任、相互鼓励、相互付出的平台上，那些不守规则的破坏者、滥用资源者会很容易被淘汰。

而未来，随着分享经济的继续发展和成熟，各个分享经济平台上的信用信息也必将进行共享。这些共享的信用信息，代表着个体的诚信记录愈加透明化，这也赋予每个个体以自我监管能力和相互监督能力。此时，互联网社会也如传统社会般拥有一套信誉机制，且相较于传统社会，公开性与可操作化更强。而这种社会化的信用评估机制，正是我们每个人所追求的，毕竟，我们都希望生活在一个诚信建设非常好、彼此之间充满信任的社会环境中。而如今分享经济正好为我们建立了一个如此美好的诚信社会，让我们可以放心地去相信陌生人，大家又怎么会不珍惜和拥护呢？

3. 机会更加公平

在传统经济模式的时代，我们想获得任何物品的使用权，都必须支付一大笔钱，只有在获得了其所有权后，我们才能使用它。比如说，我们想开一辆 60 万元的宝马车，那么只有花费 60 万元把它买回来，然后才可以开它。也就是说，只有那些有钱人才能购买得起宝马车，才能开得上宝马车。而对于大多数普通人来说，由于没有如此雄厚的资产，所以买不起宝马车，自然就无法开上宝马车了。所以，很多美好的事物，往往倾向于那些富有阶层，这对于普通大众来说是非常不公平的。

而到了分享经济时代，这种不公平的现状将被打破。如果你想开宝马车，完全不需要花费60万元去购买它，而只需要动一动手指，登录分享经济平台，就可以以非常可观的租赁价格借到一辆宝马车，并且只要前期沟通好，就可以随心所欲地使用这辆宝马车了。也就是说，你只需要用一点点钱，就可以开上宝马车了。

其实，分享经济让机会更加公平的优势，不仅仅表现在类似驾驶宝马这样的事情上，它在很多方面，都可以让我们获得更加平等的机会，让我们享受到以前享受不到的资源和便捷。

小刘今年28岁，是一名设计师。不久前，他利用特殊材料制作了一款防水、撕不坏的纸钱包，并和多位艺术家合作推出了几十款样式，但由于资金紧张，他拿不出多余的钱来采购材料和支付人工费用。为了解决这个难题，他将自己的设计和想法发布到了一家众筹网站上。本来他的筹资目标是50000元，但没想到的是，短短10天，他就收到了1580人筹资的13.6万元，这着实让他大吃一惊。

小刘的这件事为很多想创业又缺乏资金的人提供了很好的引导作用。在小刘之后，很多人都开始效仿这种做法。比如一位年轻人在西藏拉萨盘下了一家旅店，准备将旅店装修得更具西藏风情。但刚刚盘下了这家店花掉了手中所有的积蓄，现在急需15万元的装修费。怎么办呢？他效仿小刘的做法，将自己的旅店照片和想法发布到了一家知名的众筹网站上，寻找支持者。结果不到40天，便得到了3000多名支持者的18.3万元资金支持。

这一令人振奋的结果，让这位年轻人高兴得几天没睡着觉。

如今，越来越多的众筹网站开始闯入我们的生活，成为很多人改变自己生活和命运的武器。众筹之所以能在市场上广受欢迎，在于它独一无二的特征。它门槛低，无论发起人是什么身份、什么地位、什么职业、什么年龄和性别，只要有想法和创造力，就可以成为项目发起人；它具有多样性，任何具有积极意义的项目，都可以放在众筹平台上寻求支持者。诸如音乐、影视、漫画、设计、科技、食品、出版、游戏、摄影，等等，不一而足。

同时，它的支持者是普通大众，这就决定了它拥有无限的潜力，因为任何草根都可以成为一名支持者，也可以成为一名项目发起人。它相当于一种成本低廉、流程简单的融资模式。可以帮助任何人不用过多依赖自身的人脉资源，也可以省却诸多借款沟通时间和避免被拒绝的尴尬，使项目发起人可以更加专注于项目本身。

值得一提的是，众筹作为互联网金融的分支之一，它就是正统的分享金融模式，也就是说，众筹就是分享经济的典型代表。有了这种分享金融模式，普通大众无疑具有了更多的机会，即便缺乏创业基金，也一样可以同那些富人一样，站在创业的同一起跑线上。大家不妨试想一下，一种经济模式可以让人们拥有更公平的机会，它怎么会受到人们的排斥呢？

其实，分享经济的社会运作逻辑并非仅限于以上三种。但仅仅是以上三种，就足以让人们对其大加青睐。它能带给人们更好的体验，正是它能够大行其道，颠覆传统经济模式，并落地生根的根本原因。毕竟，分享经济的本质就是一种互助文化，它能让更多的人成为更好的自己。

分享经济的精髓：由利己到利他

为什么如今的人们如此热爱分享经济，为什么如今的企业如此重视分享经济，为什么如今的政府如此支持分享经济，这其实和分享经济的精髓有着根本的关系，因为它能让人们从利己主义变成利他主义，能让这个社会更加美好，能提升人们的幸福感。

分享经济的这种精髓，其实就和我们经常听到的那句名言非常相似，这句名言是“你有一种思想，我有一种思想，我们彼此交换，每人可拥有两种思想”。由此看来，思想的分享带来的是精神的丰富。这种精髓对于各行各业的影响都是非常深远和积极的。比如社交达人 A 和 B，A 有一个社交圈，B 有一个社交圈，他们相互分享，便能共同拥有更大的社交圈，圈子的共享带来的是个人影响范围的扩大。

分享经济，让我们拥有更多的资源，更多的服务，更多的经济来源，帮助我们实现“利己”和“利他”的双向统一。这正是分享经济以其特有的方式重构原有的商业逻辑，引发新一轮商业模式变革的根本原因。

其实，只要你细心观察一下身边的生活，了解一下它正在发生的各种变化，你就会发现，原来分享经济在不知不觉中已经让我们的幸福感提升了不少，让我们的生活带来了点点滴滴的欣喜。关于这一点，我们通过易到用车创始人、CEO 周航的一次演讲内容就可以看出来。下面我们来看看周航那次在“创新空间”论坛的部分演讲内容。

其实，我想首先跟大家分享一个真实的小故事，就是我认识一个女孩儿，一个安徽农村的女孩儿，她叫孟云，我跟她认识几年，是因为某种原因。我捐助了她上学，大概六七年的时间，她今年考上了大学，为了奖励她，我说我邀请你假期到北京来玩一下，她第一次从安徽来到了北京。但是呢，我工作非常忙，很难去陪一个小姑娘去旅游，后来我就在她的手机上装了一个易到用车的App，绑了我的信用卡，我说你想去哪儿，随便用易到用车叫一个车送你去就行。

后来一周过去了，她的旅游结束了，我请她吃饭给她送行。席间我对她说，你给我说说这一周过得怎么样？她说：“真的太神奇了，我只是拿起这个手机，就叫了一个车，没有多久，就有一个非常好的车来到我身边，然后叔叔大哥们对我特别好，还给我拉车门，给我水喝，还给我讲了很多北京的故事。我第一次真切地感受到了手机原来不仅仅是看新闻，也不仅仅是打游戏，也不仅仅是唱歌，还可以带来真实的生活的一种改变。”

我听起来当然很高兴，但是我也觉得不出奇，因为我每天都见到很多朋友跟我说同样的话，说我现在是你们的用户，我用你们的车，不仅我用，我的家人、朋友都用，他们都在跟我说这样的故事。但是她说的第二个故事让我感觉很震惊，甚至让我坐立不安，为什么呢？她说我通过这个事呢，对我的人生观和价值观发生了巨大的冲击和改变。我问她为什么呢？她说我原来的梦想就是说要读大学，然后找个好工作，然后要努力赚钱，然后买房子和车子，这就是我的人生目标。她说我突然发现，原来弄个车，弄个好车，不需要这么多年的奋斗，不需要去攒好多钱才能买到一个车，我为什么要做这个事情呢？她说其实我的梦想就是想当一个好的老师，当老师不能赚太多的钱。

总体上她说，如果好的生活，不需要很多钱获得的话，她就可以更勇敢地追求她的梦想，这段话给我太大的震惊了。后来她还告诉我第三个故事，她很好奇，难道北京人素质那么高吗？为什么每个接我的这些司机叔叔、哥哥们都对我那么有礼貌，那么好呢？为什么不是以前我坐火车时候的冷漠遭遇呢？我说这是市场经济的力量，只有在市场经济环境下，他对你不好，你给他差评，他以后就接不到这么多生意了。她明白了，其实并没有绝对的好人和坏人，是不同的制度，不同的机制环境下，人就会变得更好或者更坏。

我觉得孟云的感受，不管是移动互联网对大家的改变，还是分享经济给大家的改变，都给了我们一个很大的启示，在未来的世界里，可能越来越多的东西都可以共享。想享用，不见得要拥有，拥有不仅仅是为了享用，可能会非常深刻地改变我们的生活。不仅仅是一种新的商业模式，一种新的经济形态，这甚至会非常深刻地去改变一个社会的组织，甚至是道德。

虽然上面只是周航演讲中的一部分内容，但通过他说的这些话，我们可以清晰地感受到，分享经济正在深刻地改变我们的生活面貌和社会结构，它促使社会变得更加融洽，让我们每个人变得更加独立、自由，人与人之间也更加平等和友善。

更为重要的是，分享经济的模式是一种逆向淘汰的模式，它会让利己利人的人生活得更好，获得更多的资源和报酬，而对于只利己不利他的人，将会渐渐失去资源和报酬来源，直到被整个环境所淘汰。试想一下，一个光顾着自己赚钱，从不考虑客户感受、服务态度恶劣的司机，客户对他的评价能好吗？不好的评价自然会制约这位司机以后的接单状况。久而久之，他就会被平台封杀或者被客户抛弃，从而失去在分享经济平台上生存的资本。

人之初，性本善，每个人都希望能在确保自身生存条件的情况下，进一步为他人创造价值，提供服务，从而实现多方共赢，使我们生活的世界变得更加美好。而分享经济模式，正是基于这一点存在的，它成立的初衷之一，就是为了打破原有的单边获利结构，实现多方共赢，让人们心中的利己利他成为现实。

如今，分享经济正在以前所未有的声势席卷全球，在世界范围内掀起一股分享风暴，并以其特有的方式重构原有的商业逻辑，“利己”与“利他”渐趋融合，引发新一轮商业模式的变革。21 世纪下一个万亿级市场，必定是由受众最多、遍及领域最广、生存土壤最肥沃的分享经济。你，准备好了吗？

第三章

四步走，成功创建分享经济平台

分享经济平台的建立，绝不是谁都可以做到的。对于企业来说，分享经济的价值，不仅在于它近乎完美的经济模式，还在于它的高门槛性。要是任意一个企业都可以随随便便建立一个分享经济平台，那么它就不会有那么大的吸引力了。所以，企业要想创建一个分享经济平台，尤其是创建一个成功的分享经济平台，就必须有一定的步骤。只有循着步骤的指引，才能最大限度地提升成功的几率。

第一步：资源大爆炸时代，关键是整合

移动互联网的大发展，让随时随地上网成为可能，世界正在朝着无边界化发展。商家可以通过网络了解大洋彼岸的信息，从而顺利完成网络订单；用户可以通过内地订购，成功购得远在法国的奢侈品；网站可以通过搭建平台，将商家和买家成功地拉进商业闭环。也就是说，信息化时代，人们的视线变长了，世界变小了，整个世界正在逐渐演变成一个开放、共享、共赢的大平台！

而这种时代趋势的变化，给这个世界带来的最大改变就是资源大爆炸，各种各样的资源在各种各种的领域、环境机制下，源源不断地产生，且各具特色和价值。在这个资源就是财富，谁掌握了资源，谁就能赢得更多的发展机遇和市场空间的时代，自然会有企业对资源大加争夺。

虽然资源的大爆炸产生了无数的可利用资源，但仍然有不少资源因为种种不同的原因被闲置。比如，就有一部分资源是因为企业自身能力的限制，无法将其充分收集利用起来。无疑，这些被闲置的资源是一种巨大的浪费。毕竟，一种资源本身就具有极高的经济价值，如果能将其和其他资源有效整合起来，自然会产生 1+1 ＞ 2 的效果。

如今，随着企业对资源价值的觉醒以及自身实力的提升，它们正在充分利用资源为企业创造财富，以及重视整合各种资源的战略价值，为企业的长远发展做打算。尤其是“互联网 +”时代的到来，很多企业借助这一

新的技术，开启了一股跨界融合的新风潮。纵然几年前商业领域同样也在谈论跨界融合，但那时候由于“互联网 +”环境体系还不够成熟，所以跨界融合仅仅局限于信息工业领域中的跨界。如今，随着“互联网 +”战略被提升到国家战略级别的层面，“互联网 +”的体系已经日趋成熟，互联网作为一种工具和手段，在完成跨界的同时，已经可以跟各行各业实现融合。

而说到对资源的整合，就不得不说 BAT 这三大巨头，作为互联网行业的领军企业，BAT 的一举一动都足以代表行业发展的新趋势。尤其是随着近几年“互联网 +”技术与商业理念的成熟，BAT 纷纷加快了他们对 O2O 的战略布局。

从 2013 年至今，阿里巴巴先后收购了虾米音乐、墨迹天气，出手文化中国、百程旅行网、高德地图、恒生电子、美国社交应用 Tango，入股银泰百货，自建淘点点，入股优酷，联手 UC 搞“神马”，动作频繁得让人眼花缭乱。

腾讯紧追慢赶，牵手京东，入股大众点评，投资高朋、F 团、投资滴滴打车，收购四维图新，布局移动支付，一招招布局，有条不紊。

百度也不甘落后，收购 91 无线、糯米网，在推出百度钱包完善支付环节之后，手机百度、百度轻应用、百度地图、百度理财等等相关 App 蓄势发力，相继接入支付端，为接下来全面资源整合做好准备。

BAT 三巨头动作频繁，从衣食住行到休闲娱乐，从线上购物到线下消费，人们生活的每一个环节都渗透了三大巨头的影子。而伴随着三大巨头频繁的动作，一个个移动互联网领域的平台生态圈也开始逐渐成型。

2013 年 4 月	阿里以 8000 万美元收购友盟
2013 年 7 月	阿里战略投资穷游网
2013 年 11 月	阿里全资收购深圳一达通

续表

2013 年 12 月	阿里收购天天动听
2014 年 4 月	阿里以 32.99 亿元收购恒生电子
2014 年 5 月	阿里收购酷飞在线
2014 年 6 月	阿里以约 43.5 亿美元价格全资收购 UC
2014 年 7 月	阿里以 2.94 亿美元整体收购高德公司
2014 年 12 月	阿里种子轮投资换脸类手机 App 逗比
2015 年 6 月	阿里砸 8.3 亿元人民币收购奥科软件
2015 年 8 月	阿里 283 亿元入股苏宁，成为其第二大股东
2015 年 10 月	阿里以 45 亿美元收购优酷土豆

不过，虽然这些平台生态圈很好地整合和利用了各种资源，但它还不是分享经济，只是实现了 O2O 商业闭环。在这些平台生态圈之内，商家有了更好的营销平台，消费者有了更多的消费选择，平台企业则拥有了更多获得经济收入的渠道。商家、平台企业和消费者，从线上到线下，从体验到消费，形成了一个完美的 O2O 商业闭环，实现了生态圈参与方的多方共赢。

也就是说，这些还未能充分发挥剩余资源的价值。并且，O2O 平台和分享经济平台有着一定的区别。O2O 平台只能给商家和平台带来利润，而在分享经济平台上，所有的参与者都可以获得利润。也就是说，只要拥有资源，就可以成为分享经济平台上的商家，通过出租自己的资源获得利润。无疑，分享经济能最大限度地利用各项资源。

所以，企业要想创建分享经济平台，就必须具备强大的资源整合能力。只有做好了这一步，才具备成功的基础。当然，要想具备强大的资源整合能力，并非任何企业都可以做到的。只有具备强大的资金实力和互联网运作能力的企业，才有可能完成这关键的一步。

在资源整合方面，那些互联网企业具有得天独厚的优势。因为长期以来，它们一直致力于改变过往陈旧的经济模式，构建崭新、时尚、更贴近时代脉搏的新经济模式。尤其是它们在“互联网 +”领域的深耕细作，让它们具备了强大的互联网运营能力，以及积累了丰富的资源。所以，从这一方面来看，分享经济之所以能成功，还要感谢“互联网 +”时代带来的红利。因为有了“互联网 +”时代的过渡，才给分享经济模式整合各种资源奠定了坚实的基础。

成立于 2012 年的小猪短租，经过近四年的发展，如今已经成为国内最大的短租民宿预订网站之一。熟悉小猪短租的人，都会评价它是一个充满爱与人情味的社交住宿平台。在这里有超过 200 个城市的 3 万多个家庭将闲置的别墅、公寓、卧室或是沙发分享给旅途中的人们，为你提供独一无二的短租住宿体验，并用实际行动促进着人与人之间的信任，更能让你在陌生的城市总能拥有一个温暖而熟悉的家。

也就是说，无论你想去何处，三亚也好，北京也好，无论你想选择哪种住宿环境，民宿、公寓、四合院还是海边小屋，小猪短租都能满足你的愿望，让你可以随时与家人、朋友开启一段奇妙的住宿之旅，在任何城市都可以小住几天。你还可以随时随地在手机上选择自己所喜欢的房间，并从这些房东那里了解到最正宗的当地文化与旅游信息，最终完美地规划自己的旅程。

2015 年 7 月，小猪短租的业务范围已经覆盖了全国 200 多个城市，房源数量在 3 万个左右。7 月份的业务量，比 2015 年年初的业务量增长了 4 倍。而到了 2016 年 4 月，小猪短租的业务量又得到了迅猛的增长，此时的小猪短租已经拥有 8 万套个性化房源，覆盖国内 249 个城市，活跃用户达 500 万。每一天，小猪短租新增房源数为 250~300 个，相当于 2~3 个中型酒店的体量；每一晚，有 7000 多个房间在小猪短租平台上被分享，陌生人住宿过程中形成新的社交关系。

试想一下，如果没有强大的资源整合能力，小猪短租能有如此巨量的房屋资源吗？没有了这些巨量房屋资源，小猪短租拿什么为用户提供满意的服务呢？拿什么和对手竞争呢？所以，企业要想创建分享经济平台，首先就要具备强大的资源整合能力，将自己所处的领域内的资源尽可能统一到自己的平台，如此才能更容易成功。

至于如何整合，这就是个仁者见仁智者见智的问题了，可以依靠自己的优势来自主收集资源，也可以通过和其他公司合作（如传统企业和互联网企业合作）的方式来抢占资源，总之，一切行动和措施都要以整合有效资源为前提。当你的企业完成了资源整合这关键的一步后，你的分享经济平台就已经成功了一半。

第二步：人人分享时代，最大程度激发个体参与感

没有个体参与就不可能整合到任何资源，一个再强大的平台，离开了个体的参与，它也没有任何价值。因为平台的价值是根据个体参与度衡量的。个体广泛参与，平台才能获得大量来自个体提供的各项资源，才能让平台得以运营。此外，个体参与感越强，越能带来稳定的成交量。

试想一下，一个分享经济平台如果只有大量的资源，但没有消费者，那么如何促成交易？没有交易，平台上的资源自然会渐渐消失。所以，分享经济平台是个需要广大个体积极参与的平台，没有了个体参与，就相当于企业没有用户。这种巧妇难为无米之炊的无奈，会导致平台走向死亡。

互联网思维的普及以及小米手机的参与感营销带来了榜样作用，如今几乎每一家企业都知道用户参与感的重要性，并将得用户者得天下作为企业发展战略的重要指导。于是，我们经常会看见很多企业不遗余力地大力吸引用户，但是结果很糟糕，要么是根本吸引不来用户，要么是吸引来用户，活动刚结束用户就纷纷撤离。于是他们的信心受挫，悲观地认为吸引用户比登泰山还难。很多企业在吸引用户的过程中失败是有原因的。

在社交平台上，有一些企业正在炫耀他们获得用户的成绩，展现他们在短短的几小时几天内获得了几万、几十万、几百万的用户，被正在探索“增加用户”的企业或团队奉为楷模。此时，有些小企业、小团队还在为几百、几千用户目标浴血奋战，真是冰火两重天。对于那些小企业和小团队，他

们想增加一名用户都是一个很难逾越的坎。

企业在“获取用户”的环节上，也体现了“难者不会，会者不难”。那些掌握“获取用户”方法的企业，就能够事半功倍地吸引来成千上万的用户，那些用错方法，不懂“获取用户”的方法的企业，就会劳而无功，烧掉了大把银子又没有获取用户。

其实，分享经济平台吸引用户参与，把用户绑定到自己的平台上，它运用的吸粉原理和企业吸引用户的原理是一样的。就是不管你运用什么样的手段，让利也好，提供优质服务也罢，只要能让用户对平台产生信任感、依赖感、忠诚感，那么你就成功了。当用户对平台有了信任感、依赖感、忠诚感时，他们就会积极参与到平台上的各项活动中。

在这里，我们还以国内最大的短租民宿预订网站小猪短租为例，看看它是如何激发用户的参与感的。首先我们来看看它是如何引起供给方积极参与到平台上来的。

在一次供给方市场调研过程中，小猪短租的业务组采访了平台上的一名供给方，这位供给方这样回答他为什么会选择小猪短租的。他说：“我自己能成为小猪短租上的一名房东最大的动力很简单，就是看着每个来我家住的人，在离开时说非常感谢，然后依依不舍的那种感觉吧。比如有位租客在走的时候对我说‘感觉你的家很温馨。今年8月如果来北京，一定住你家’，这让我非常感动。因为小猪短租在让我获得一定收入的同时，还让我帮助到了更多的人，实现了自己的社会价值，所以我选择小猪短租。”

为了确保平台上供给方的利益不受侵犯和人身安全，小猪短租还会为房东安装智能锁，为双方购买保险等。一旦房东发生任何财产损失，小猪承诺赔偿。

这是一个信息通达的自媒体时代，人人都是记者和编辑，都可以通过自己的手机将自己的见解表达出来，进而告知给更多的人。小猪短租这种为供给方利益着想的做法，自然会给供给方带来极大的安全感，让他们愿意参与到小猪短租的分享经济平台上。同时他们还会告知自己周围的朋友也参与到小猪短租平台上，如此一来，小猪短租就实现了激发供给方的参与感。

下面我们再来看看小猪短租是如何提升需求方的个体参与感的。

对于其他星球，相信每一个地球人都充满向往，都非常想了解一下其他星球的构造，以及在星球上生活的各种状况。2016 年 4 月 8 日，小猪短租和菠萝科学奖打造的“星球房”正式上线，首先让 10 名面向海内外甄选出来的“星际体验师”入住“星球房”，夜游“星际”，并在 4 月 9 日参加一年一度的菠萝科学奖盛典，见证那些严肃又搞笑的科学奖项颁发过程。

小猪短租推出的这一星球房服务，可谓极大地丰富了需求方的选择范围。并且这种极具特色的服务内容，可以为平台吸引大量的需求方参与到平台上。这正是小猪短租的成功之处。它通过超前的战略眼光，打造出一些其他平台不具备的服务内容，从而让小猪短租这个分享经济平台成为需求方心中不可代替的平台。

小猪短租举办此次活动的合作方是浙江科技馆。并且利用浙江科技馆与科技媒体果壳网合力打造的科学奖项——菠萝科学奖大做文章。以“向好奇心致敬”为口号的菠萝科学奖，每年 4 月份都会在西湖文化广场的浙江省科技馆举办一次，并且希望通过一年一度的盛典，奖励那些有想象力、有趣的科学研究成果，唤起人们对科学的好奇心和热情，今年已经是第五届。这项盛典的规格很高，不仅大咖云集，甚至还会有曾经的诺贝尔奖得主来到现场致辞，和科学爱好者交流。

不得不承认，小猪短租非常善于调动个体用户的参与感。它敏锐地抓住了人人都有好奇心、求知欲的心理特点，然后和菠萝科学奖联手，从浙江省科技馆月球馆中找到灵感，联手将其打造成星球房，并上线小猪短租平台以1元的价格招募“星际体验师”，将科技馆内炫酷的空间分享给科学爱好者进行住宿体验。如果你在现场，你就会对这个“星球房”充满兴趣，它的外表仿真月球表面，敞开的入口有如来自月亮的神秘邀请，内部有科学实验区、球幕影院、咖啡馆，以及用太阳、水星、金星、地球、火星、木星、土星、天王星、海王星、冥王星等星球命名的十个住宿营地。

小猪短租这种别具创意的“吸粉”方案，一经实施就收获到了非常火爆的效果。据小猪短租平台上的数据显示，星球房上线短短数日，“星球房”房东“菠萝科学奖组委会”收到海内外数百人申请，其中有想让儿子了解

太阳系的互联网公司高管、憧憬星际旅行的自媒体人、从小热爱冥王星的美少女战士粉丝、热爱科学的10岁小学生……他们的共同点是热爱科学、热爱星际，富有好奇心，并且乐于尝试新的住宿方式。

活动的火爆让科技馆的负责人非常感慨，他们这样说："报名非常火爆，没想到拥有星际旅行梦的人这么多。小猪短租和菠萝科学奖共同打造的星球房正是好奇心的体现，也许未来分享经济真的会火到太空去。"

而对于这一活动，小猪短租CEO陈驰也言简意赅地表达了自己的看法。他说："分享经济会给传统住宿业和旅游业带来颠覆性变革，此次在菠萝科学奖活动现场打造的星球房更是好玩、有想象力的住宿空间。小猪近期或将更换广告标语，未来更强调住宿的丰富性、个性化与自由主义。"

小猪短租之所以能成为国内住宿领域的标杆之一，就是因为它一直在费尽心思地激发个体参与感，把他们吸引到平台上来，从而推动平台的发展和进步。只要你仔细研究一下小猪短租的运营模式，你就会发现它在很多方面做得无可挑剔。比如房东在平台上发布房源信息，小猪短租会安排线下人员进行审核。有些情况下他们甚至会深入到家，亲眼看看到底是不是有房子出租。与此同时，房东和租客都需要将个人真实信息和证件照上传到网站，双方的前期交流和付款活动也都限制在平台上完成。除此之外，小猪短租还与蚂蚁金服下的芝麻信用合作，将个人征信体系引入在线短租行业。小猪平台上的注册用户可授权开通自己的信用名片，并通过及时点评等维护信用分数。

人们最需要什么，小猪短租就增加什么服务，个体怎么可能会对它不依赖！互联网思维的精髓是什么？无非是在赢得用户关注上多做一些文章，你只有拥有足够的实力与资本赢得了用户的关注，才可能让用户在你的地盘活跃起来，最终让活跃用户为你创造价值。

每一个用户，都是一个个体，无论他是供给方，还是需求方，都对平台的发展起着非常重要的推动作用。分享经济平台所要做的，就是不遗余力地激发个体的参与感，让他们积极地参与到分享经济平台上来，为平台提供更多的资源和业绩。如何让个体对平台形成关注？多提供一些有价值、有意义、有内容的东西。如何让个体在平台上变得活跃？多提出一些能为他们带来利益或者满足他们内心需求的服务。唯有如此，才能最大限度地激发用户的参与感，让平台壮大发展起来。

第三步：平台搭建，快者为王的过程

分享经济作为一个史无前例的伟大时代，它的价值性是难以估量的，甚至有很多商业领域的专家说："分享经济将会是人类历史上的最后一个时代，它代表了人类智慧的最高水平，代表了人类生产的最高境界，代表了人类对资源利用的最佳限度，它将使人类无所不能。"

在我们了解了分享经济将会呈现出的种种现象后，我们就会发现，这确实是一个空前绝后的时代，人类只有进入了这个时代，才能获得更加美好的生活品质。所以，当下的每个国家都在铆足了劲地向分享经济时代迈进。

但是，任何美好的东西都有它特有的高度，就像最美的风景永远在险峰之上，分享经济也不例外。它具有很高的门槛，任何想在这个领域跑马圈地的企业，都必须具备迈过这个高门槛的能力。因为，分享经济平台的搭建，是一个快者为王的过程。

下面我们先来看看如何才能成为快者。看功夫片的时候，经常能听到一句话——天下武功，唯快不破。高手过招，须臾之间，胜负已定，慢一秒就可能受制于人、山河变色。其实，不独功夫，任何领域、任何行业都是如此。

移动互联网带来的最显著的变化之一就是快。2013 年下半年，马云刚高调宣布"火烧南极，把企业打到老家去"，哪想到，短短几个月之后，腾讯就"偷袭珍珠港"，仅仅用一个春节红包测试版就让移动支付领域的老大——支付宝地位受到重创。作为一手将阿里集团做大的人，马云绝对是一位有着极强的预见力和洞察能力的高人，但即便强大如马云，一时缺乏感知、不能快速做出改变也会有被对手赶上甚至颠覆的风险。在比尔·盖茨时代，微软号称“离破产只有十八个月”，而到了马云、李彦宏、马化腾们的时代，一家企业从如日中天到日薄西山，或许只有短短的一个星期。

而对于那些已经确定了优势的企业，也不可大意，因为你确立优势的时间有多短，你失去优势的时间就有多短。尤其是在这个时间就是金钱，效率就是消费者生命的分享经济时代，平台在处理任何问题时，都一定要快。虽然我国进入分享经济时代的时间并不久，但这个领域的竞争却早已进入了刺刀见红的激烈博弈阶段。谁搭建平台的速度快，谁处理平台上问题的速度快，谁就能赢得更多的发展机遇。

所以，企业在搭建平台的时候，如果有幸比别人快一步，千万不要洋洋自得，因为被对手赶超很可能就是下一秒的事情。因为对于分享经济平台来说，站着不动不是求稳，而是倒退。现在很多平台都讲究“边开枪，边瞄准”，这说的就是一种快速思维。在移动互联网时代，反应迟钝就是在葬送平台的命运，因为，一定要快。这种快，绝不是单一指代某一方面，它指代的是所有能够快的方面。

比如说，平台在开拓市场时的速度要快，在制定战略措施的时候要快，在为平台用户提供服务的时候要快。总之，这是一个争分夺秒的时代，快才能赢得更多的机会。

最近，一家名为小冰智慧的企业比较火。这家企业之所以能被众人熟知，并不仅仅是因为它刚刚获得了600万元人民币的天使轮融资，还在于它在分享经济领域的开拓步伐更加凌厉。早在2015年12月初，小冰智慧就上线了一款名为叫师的App，这是小冰智慧在分享经济领域打响的第一枪。

我们先来看一下小冰智慧是如何定位叫师这款App产品的。正如小冰智慧的CEO何冰在一次答记者问中说："叫师是一款试图帮助教育者做教育，帮助学习者学习的App，与B端采取合作模式而非取代。利用线上优势宣传招生，通过数据化管理，简化业务流程，用户在App上便可预约课程和时间。通过服务的可视化，叫师按用户的需求安排老师和场地进行教课。其次，叫师想要先将传统的培训机构互联网化，再与这些传统的培训机构一起走向互联网教育。"

通过我们对分享经济的了解和何冰的话，我们就可以得知叫师的运作模式。举个简单的例子，假如你是一名资深的老师，当你周末休息的时候，想利用自己空余的时间开个培训课。然后你发现一件很痛苦的事，招生比较难，而且推广渠道还很贵。这时候你内心几乎是崩溃的，因为你只是想共享自己的能力或者知识。而有了叫师，你只需下载注册，然后通过发布培训信息，系统就会将此信息推送给相关兴趣的人。几分钟后，有人回复了你的信息。最终你共享了自己的"资源"，度过了充实的一天，并获得了回报，而对方也非常满意当天的收获。

在其他企业还未进军教育领域的分享经济时，或者还未充分挖掘这一领域的市场机遇时，叫师却已经先行一步。这就是它的快。也正因为如此，它比其他对手获得了更多的市场资源。同时，为了进一步拉大自己与竞争对手之间的距离，叫师在分享经济平台上的开拓步伐开始变得更加迅速。截至2016年4月初，叫师已完成5次产品迭代，并在2个月的试运营期实现了日均1万元左右的营收额。

如今，叫师正准备启动3000万元人民币的Pre-A轮融资，如果融资成功，该笔融资将用于正式的市场拓展和进一步的研发投入。无疑，这样可以让叫师在分享经济平台领域的成长速度更加迅速。

当然，要想快，仅仅靠先行一步还远远不够。这并不能让企业搭建一个成功的分享经济平台。它还需要平台在服务过程中能够做到快。如果服务过程中无法做到快速，就会严重影响用户体验，这会严重制约到平台的发展。因为用户体验过差，就会致使用户流失。没有了用户，何谈业绩和市场规模呢？

在这里，我们继续以小冰智慧企业为例。

如今，小冰智慧企业的产品并不仅仅限于叫师，它还有一款产品叫微狐。微狐智慧是基于移动互联网、云计算、大数据、智能硬件、物联网一体的，实现人与教育服务、人与教育产品相链接的无线平台。老师可以直接进行消息通知、学情反馈，甚至可以直接用微狐进行学费、班费等费用管理，直接布置作业、查看考勤，直接通过应用组织家长会。同时微狐还包含独家教育信息资讯，方便掌握教育行业的信息。

而在将来，叫师还将进一步完善自己的功能应用，比如增加私教和直播功能，私教是为用户提供陪练、家教、行家、导师服务。而直播，是为用户提供线上的直播、点播课程服务。在私教功能里，不管你是个还没毕业的大学生，还是工作很久了的白领，你都可以利用自己的一技之长，在叫师上做私教。

大家可以试想一下，如此复杂与烦琐的功能应用，要想快速匹配平台上需求方和供给方需要的资源，要想在第一时间内为各类型用户提供最准确无误、最符合他们真实需求的产品和信息，是一项多么庞大的系统工程。小冰智慧企业靠的是什么来瞬间完成一切呢？靠的就是企业掌控的大数据平台。有了大数据平台的分析系统，这些问题都可以迎刃而解。真正地让叫师、微狐快速地满足平台用户的各种需求。

分享经济时代，离开了大数据，将寸步难行。“数据可以说明过去，但数据也可以驱动现在，数据更可以决定未来。”这句话作为一种箴言，对分享经济影响深远。大数据作为分享经济平台腾飞的翅膀，它能有效地帮助平台做出各种正确的决策，成功驱动平台的运营管理。

数据化管理的基本流程

如今，大数据的热潮愈演愈烈，除了互联网企业，航空、金融、电商、政府、电信、电力甚至F1赛车等各个行业的企业都在纷纷掘金大数据，我们不难看出，大数据已经成为制约企业和平台快速发展的重要因素。

而在分享经济领域，其涉及到各个方面，同样离不开大数据。比如移动支付、用户信息搜索、产品信息搜索、供给方和需求方信息配对，都和大数据有着密不可分的关系。分享经济平台要想做到快，就必须懂得利用大数据。如此，才能实现精准定位，准确出击，切中要害，赢得市场。凡是不懂得运用大数据、缺乏收集数据的渠道、数据整合分析能力低下的平台，就形同一只引颈就戮的羔羊，总有一天会被竞争对手高高扬起的大刀无情杀掉。

所以，任何企业在创建分享经济平台时，都要明白，新一代信息技术与分享经济深度融合，正在引发影响深远的产业变革，形成新的生产方式、产业形态、商业模式和经济增长点。要想使平台发展壮大，就必须削尖脑袋尽一切可能地提升平台竞争力，让平台在各个方面都能达到“快速”的标准。毕竟，在分享经济领域，没有最快，只有更快。

第四步：权力均衡，让分享平台趋于稳定

通过对前面内容的了解，我们已经知道分享经济平台主要由三个要素构成，它们分别是需求方、平台方、供给方。平台方在其中充当中介的作用，为需求方和供给方提供信息配对服务，促成双方的交易。

分享经济平台之所以能在短短几年内就形成星火燎原之势，这和其平台一直呈现着平衡稳定的发展态势有着极大的关系。分享经济平台和以往的各种经济平台模式都有所不同，它不会仅仅将权利赋予其中的一方，或者是仅仅限制其中一方的权利。它讲究平台权利的平衡分配，以双方可以互相制约的模式维持着双方之间权利的平衡。

也就是说，分享经济平台会赋予需求方一定的权利，让他们来制约供给方。当供给方触犯了需求方的利益时，需求方可以对供给方进行投诉，平台会将需求方的投诉公布在平台上，让所有的人都可以看到。如此一来，就会影响到供给方今后的成交业绩。

比如说，约翰的家在伦敦温布尔登网球场附近，并且他家有一个大院子，可以同时停放十辆车。为了让这个院子给自己带来额外的收益，约翰便将院子打造成停车位，然后将这一资源分享到了一家分享经济平台上。每年温布尔登网球公开赛时，这些停车位就派上了用场。约翰将它们专门租给驱车来看比赛的球迷，一个车位每天 20 美元的出租费用。这一收费标准比

球场的停车场便宜10美元。

然后，让那些球迷们没想到的是，虽然自己已经在分享经济平台上向约翰支付了一天的停车费用，但是当自己开车离开时，约翰又私下里让这些球迷再支付10美元，因为约翰为这些车进行了简单的清洗。约翰的这一做法令球迷们非常不满，因为他们并没有要求约翰为自己清洗车。但如果他们不支付这10美元，约翰就不让他们把车开走。

于是，这些球迷纷纷在平台上对约翰的停车场进行投诉，平台也根据球迷的投诉对约翰的停车场进行了信誉降级处理，从以前的5星降到了2星。如此一来，平台上的其他需求方在选择停车位时，看到约翰的停车场只有2星的信誉度，便纷纷拒绝与其进行交易，改选其他停车场。最终，约翰因为长期无法得到停车业务，不得不从平台上退出。

约翰的这个故事，就是平台对供给方权利的限制。即便供给方有资源，但也不能不受限制和约束。当你触犯了需求方的利益时，就必须受到来自需求方的惩罚和处分。当然，这种权利限制并非只针对供给方，如果需求方做出了有损供给方利益的事情，同样会受到惩罚和处分。

我们还以约翰的停车场为例。假如一位球迷在使用约翰的停车场时，因为心情不好而故意损坏了停车场的设施，那么约翰同样可以在平台上对这位球迷进行投诉。而平台也会把这位球迷的不良信息记录下来，并让所有人看到。当这位粉丝今后在平台上想要获得某种资源时，供给方看到了这位球迷的不良信息记录，就可以拒绝与其合作，拒绝将自己的资源提供给他。长此以往，这位球迷因为不良信息记录，会在平台上寸步难行。

权利的均衡，才不会使得平台上的某一方过于强势，才不会导致弱小的一方因为权利得不到保障而产生怨愤。要知道，这种怨愤积压过多的话，就会成为怒火，从而导致弱小的一方离开平台。分享经济平台讲究的是资源的供需平衡，当弱小一方退出平台后，资源平衡必定会被打乱，进而直接影响到强势一方在平台上的生存状况。这样，就会给平台的发展造成极大的波动，严重影响平台的稳定性。

那么，平台应该如何做，才能维持权利均衡，确保平台稳定发展、持续存在呢？

平台如何维持权利均衡

1. 允许数据兼容

平台要想获得长远稳定的发展，就必须允许数据兼容，绝不能成为一个信息平台。数据兼容的意思在这里指代的是，平台需要使用公开的标准，可以与其他平台合作，将其他平台上的数据作为自己平台的参考依据之一。

2. 成为群体的支持者

平台虽然扮演的是中介的角色，但却不应仅限于此。平台应该成为群体的支持者，多与他们沟通、洽谈，如此才能意识到管理中的缺陷，及时完善某一方权利的空缺。比如 Airbnb 从 3000 名“超级房主”中抽选了 75 名“可信检测员”组成一个小组，他们无偿参与到公司审查制度的设定和规章制度的改进，同时提出相关建议，而 Airbnb 相当部分的区域都将社区经理视为可促进公司与房主紧密联系的一种资源。当平台成为群体的支持者时，就可以更有针对性地进行权利均衡了。

3. 给予群体更自由的权利，提高自身透明度

我们在前面所讲的，主要是限制供给方和需求方双方的权利，让他们互相制约。但对于平台方却没有提及。作为分享经济模式中的重要一方，平台方可谓权力非常大，它可以决定供给方和需求方的生死。但是，权力过大必然会导致自身膨胀，做出很多影响平台深远发展的事情。所以，平台方也应该给予群体更自由的权利，比如让群体之间建立联系、让群体自己组建机构等，从而通过这一举措，对平台的权力进行制约，以此达到求同存异、稳定发展的目的。

如果平台做不到这一点，或者平台不愿意给予群体更自由的权利，那么时间一久，就会影响到群体的稳定性和平台的稳定性。比如：Uber 不允许司机建立联系，因而他们使用 Facebook 进行联络。如果没有组建机构，让他们分享对平台的不满和期望，那么很有可能用户就会将不满转化为愤怒，积攒的怨气最终会爆发，或者导致大量用户流失。

此外，平台还应该提高自身的透明度，因为透明化能使用户看到接下来会发生什么及其原因，从而缓解不确定性的问题。总之，平台的稳定性事关平台的生死存亡。分享经济平台只有多方面、多角度地考虑、完善平台上的各项事宜，让平台方、供给方、需求方三方之间达到一个完美的制衡标准，才能让平台获得卓越的发展动力。

接下来我们用两节案例内容来充分展示一下分享经济模式的魅力和运营方式。

Uber：出行领域分享经济的领路人

说起分享经济，就不能不提到Uber。作为分享经济的代表和移动出行领域的领军者，它利用经济学的供求原理，合理分配资源，解决了人们“打车难、打车贵、服务质量参差不齐”的问题，以最简单的方式，使豪华轿车和司机互联网化，开创了交通出行的共享模式，让人们的出行变得简单而又优雅。

Uber公司成立于2009年，总部位于美国加利佛尼亚州的旧金山市，因旗下一款同名软件而得名。2008年的一个雪夜，Uber公司的两位创始人特拉维斯·卡兰尼克（Travis Kalanick）和加雷特·坎普（Garrett Camp）在巴黎的街头打不到出租车，于是就萌发了做一个简单的应用软件，只需通过一键操作就可以叫来一辆出租车的念头。正是这一念头最终促成了Uber这款风靡全球的打车软件的诞生。

Uber的主要业务是为人们提供在线租车，商业模式为乘客与司机通过移动App的链接，发出打车请求，几分钟内就会有一辆私家车开过来，达成租车、拼车的目的。它打破了传统的物权概念，在不增加汽车存量的前提下，让人们利用自己闲置的汽车资源，向需要乘车的消费者提供租车预约服务，让资源分配更加合理。

作为一家专业出租车辆的公司，Uber自己并不拥有车辆，而是整合了各类车辆资源，它和出租车公司、汽车租赁公司以及私人签署合同，让他

们通过 Uber 接收订单，为“乘客提供一种高端和更私人的出行方案”。

而相比于传统出租车司机，Uber 由于工作时间较自由，且收入较高，受到了很多私家车司机的青睐。这些人大都有自己的正式工作，他们只想在空闲的时候，利用自己的私家车来赚取一些额外收入。设想一下，你下班后开着 Uber 在大街上溜达，或者在上、下班时顺便载几个同道的乘客，假以时日，你会发现，自己竟然有一笔不菲的收入，这是不是一件很高兴的事？所以说，分享经济不仅改变了人们的生活方式，也改变了人们的工作方式。

国家统计局曾做过一个统计，大概在 6 个城市、5000 名司机中，有 80% 的司机都是兼职司机。很多人或者是摆水果摊的，在下午收工后利用闲暇时间开车；也有全职家庭主妇，一边照顾家人，一边通过 Uber 工作。

乘坐过出租车的人都有过这样的经历：上、下班高峰期打不到车，或者想去繁华地带被拒载，原因是司机怕堵车。但Uber则不同，它通过创新ICT技术，对相近路线的供需进行动态匹配。同时，与出租车价格相比，Uber的价格更为灵活，比如在上、下班高峰时间，出行价格相对较高，这也使得乘客与车主间供求关系更加平衡。

另外，由于Uber大多是私家车，车况、车内环境都较好，司机的素质也较高，可以给用户提供较好的服务，所以对于用户来说，Uber带来的不单是快速、便捷的出行，更给人们带来一种全新的消费理念。

通过Uber，客户既可以根据自己的喜好，订到像凯迪拉克、宝马、奔驰等豪华私家车，也可以订到如丰田、大众捷达等普通车辆。同时，还可以享受到司机提供的热情而又优雅的服务。

Uber创造的这种只求享用，不求拥有的出行模式，让供求双方都获得很好的体验，同时，也在对闲置资源开发利用的基础上，创造出了巨大的经济价值。

Uber在包括中国在内的40多个国家推出的企业版App，可以使因公务出行的人们在结账时，直接从企业账户支出，从而减少人们报销时的种种烦琐的程序。数据表明，这项服务目前每年每个人大约可以节省1000美元的成本。

从创立到全球布局，Uber公司用了仅仅4年的时间，扩张速度之快，让人惊叹。作为租车领域的引导者，它在向全球布局的过程中，积累了大量的用户需求，同时也培养了大批忠实的粉丝。2015年12月30日，Uber

通过官方博客宣布已经完成了10亿次打车服务。截至目前，Uber公司的市场估值达到了510亿美元，成为全球估值达到500亿美元用时最短的公司。

如今，Uber已在全世界58个国家、500多个城市都有运营，是唯一一家全球覆盖的移动出行平台，也成为全球最为火爆的私家车预约软件。

2012年7月，Uber在英国伦敦落户，此为其抢占欧洲租车市场打响的第一枪。

2013年1月，Uber进驻俄罗斯莫斯科，在其庞大的租赁市场占有一席之地。

2013年2月，Uber宣布登陆新加坡，这表明了Uber扩张的脚步迈进了亚洲地区。

2013年6月26日，Uber进入韩国首尔，并在一个月后正式上线；两天之后，Uber宣布登陆中国台北，并迅速将业务扩展到中国香港和日本东京。

2014年7月14日，Uber正式宣布进入北京市场……

在对全球快速扩张的同时，Uber自然更看好中国巨大的出行市场。为了在中国市场得到长期发展，2015年10月8日，Uber在中国（上海）自由贸易试验区成立了上海雾博信息技术有限公司，这也是该公司成立的唯一一家美国以外的独立公司。

随着分享经济逐渐深入人们的生活，对于Uber以及其他共享交通模式，越来越多的人给予了支持，他们认为，如果允许私家车进入公共交通服务领域，既能缓解高峰时段动力紧张的问题，又能便利市民出行。因此，在2016年1月北京市政协十二届四次会议上，有部分政协委员建议政府认可Uber的运营模式，并给他们发放合法牌照，授予其合法的运营资格。

同时，作为一家国际公司，用户在出国旅游时，同样可以使用Uber叫车，极大地方便了游客的出行。

2016年2月22日，中国Uber发布的“2016优步春节出镜游出行报告”显示：春节期间，中国优步用户在全球6大洲，在65个国家和地区的319个城市使用了手机上的Uber应用。与2015年春节相比，2016年春节在境外使用Uber叫车的用户人数实现同比增长882%。

虽然目前Uber公司已是全球租车行业的翘楚，但它并不满足于现有的成绩，而是根据市场需要，不断在技术、数据等层面进行优化、整合，不断地改进和完善，拓展着新的市场。

2015年10月，Uber推出一小时送上门的同城快递服务，标志着其正式跟进物流领域。

2016年1月21日，Uber计划在美国10座城市推出全方位送餐服务。

2016年4月23日，Uber针对城市中早晚上下班出行的白领车主或经常往返于同一路线的车主定制开发了“优步同行”，该产品主要通过新的算法快速解决“即时+派单+同路匹配”，即时推送最适合车主既定路线的上、下班拼车伙伴。

针对近年来不断发生的安全问题，Uber推出的一个新功能，那就是乘客上车之后，可以用手机一键把司机的行程分享给紧急联络人或周边的亲朋好友。在北京，Uber推出了司机端的人脸识别功能，增强了对司机的核查和背景调查；有的地区则推出一键报警功能。解除了用户的后顾之忧。

为了贯彻环保理念，Uber积极与新能源车进行合作，并在App中专门上线了“Uber电动车”选项，帮助用户叫到新能源车出行。

为了让更多的人参与到分享经济中，Uber 开放了其 API 端口，欢迎开发者进行应用开发。在美国的微软、Facebook、美联航空以及中国的百度地图、穷游等网页的 App 应用里都可以叫到 Uber 的车。据统计，截至目前，所有非 Uber App 的应用开发分享合作，已经通过 Uber 提供了 5567 万公里的行程。而这些，不论是从环保角度来说，还是从经济角度来看，作出的贡献都是十分可观的。

面对当前火热的“互联网 +”，作为共享经济的典型代表，Uber 充分利用互联网技术，在为客户提供优质乘车服务的同时，也正在创造一个“Uber 化”的世界。它的愿景是希望交通出行像流水一样，像城市的共创基础设施一样非常可靠、经济、安全、环保，能够穿梭在城市的每个角落，连接着人和人。

Airbnb：住宿新模式

作为全球分享经济的典范，如果说Uber改变了人们的出行方式，那么Airbnb则改变了人们住宿方式。两者都已经成为了分享经济的商业模式的专有名词，也成了一种创业公司们参照的模板。

Airbnb是一个旅行房屋租赁社区，用户出行时可通过网络或手机应用程序搜索合适的房屋租赁信息并完成在线预订。模式是人们通过Airbnb的网络平台将闲置的房间出租，供全球住客选用。

Airbnb成立于2008年，总部在美国加州旧金山市。和Uber一样，其诞生也充满了戏剧色彩。创始人布莱恩·切斯基（Brian Chesky）和乔·格比亚（Joe Gebbia）都是设计师，他们当时准备在旧金山开办公司，可资金短缺，连房租也支付不起。当地即将召开一个设计大会，两人发现旧金山酒店房间紧张，于是就将自己家中的气垫床出租，并为租客提供早餐，每晚80美元。这个短租服务被命名为“Airbed and Breakfast”（气垫床和早餐）。这就是Airbnb的雏形。

公司成立以后，最初以类似于线上“沙发客”分享的平台定位，但经营并不顺利，一度陷入困局。直到后来，两位创始人意识到，大多时候，人们希望入住有品质、有味道的漂亮房屋。于是，他们开始把目光放在那些造型独特、富有当地人文气息的民房出租上。利用自身设计师的优势，他们将这些被拍摄得十分精美、舒适的房屋放在平台上，供客人选择。很快，这些房屋的预订量增长了2~3倍。

Airbnb属于典型的C2C模式：房东在网站上发布房源，由网站派专业摄影师拍照，房客在网站办入住房条件，进行搜索，再申请预订，在线支付，完成后进行评价。

作为短租行业的鼻祖，Airbnb的核心是“分享型经济”，即“使用而不占有”。它鼓励人们把闲置的房屋资源通过在线短租平台出租来获得收益，房客可以享受相应的服务，平台则赚取提成，多方合作，共同受益。

在分享经济出现之前，人们出行时的房屋短租一般都是找大型酒店或小型的旅馆，但是随着旅游业的高速发展，出行人数急剧增加，而很多地方却因酒店的数量的限制无法承载众多的游客。而Airbnb的出现，既缓解了旅游地房源的紧张状态，又满足了人们追求住宿个性化、多样化的需求。所以，住短租房逐渐成为一种趋势。

美国分析师凯文·科普尔曼（Kevin Kopelman）和詹姆斯·沙利文（James Sullivan）对1400名美国旅行者进行调查，了解人们对Airbnb的看法。其中有一半的受访者曾因旅行通过 Airbnb 预订住房。只有 10% 的受访者表示喜欢住酒店，更多的人表示住 Airbnb 的体验要比住酒店好得多。

那么，与传统的酒店相比较，Airbnb 又有哪些优势呢？

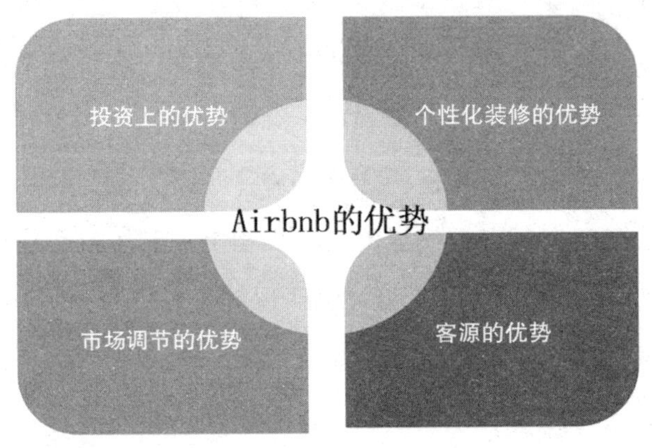

1. 投资上的优势

酒店需要大量的成本投资，土地成本、建筑成本、设施成本、人员成本等等，而且时间较长，但 Airbnb 却只是将分散的资源聚合在一起，充分利用每个人手中丰富的闲置房屋，把它们变成客房，不受时空限制。

2. 个性化装修的优势

虽然许多酒店为了追求个性化，进行了不同风格的装修，但是与 Airbnb“一店一面”相比，却依然有很大的差距。很多房东为了吸引房客，在房屋的设计上不断推陈出新，追求差异化、个性化，将标准化的酒店变成了非标的人情味住宿，让厌倦了千篇一律的房客们感到耳目一新，自然愿意入住。

3. 市场调节的优势

传统酒店的房间数量是固定的，淡季时，依然要承担房租和员工支出，为了不亏损只能想方设法降低空房率，可是，到了旅游旺季或者本地举行大型的活动时，又显得心有余而力不足。相比之下，Airbnb 市场则较有弹性，可以根据需要随时调节房源数量，却不会有任何损失。

4. 客源的优势

在住客的选择上，Airbnb 短租模式简单灵活，它为房东和客户建立一个交换信息的平台，让他们自主选择。自己只需通过反馈机制帮助客户进行信息的筛选。但传统酒店不但需要主动去寻找客源，而且还需要与一些中介机构合作，环节较复杂。

总之，Airbnb 作为房屋中介，利用房间提供方的闲置房产，将其线上化、碎片化，消减了传统酒店模式中的冗余成本，降低房东和房客双方搜寻的难度，同时也降低了房价，为住客带来了实惠。

而对于住客来说，选择 Airbnb，“无论您想在公寓里住一个晚上，或在城堡里待一个星期，又或在别墅住上一个月，您都能以任何价位享受到 Airbnb 在全球 190 个国家的 34000 个城市为您带来的独一无二的旅行体验”。

Airbnb 专注于打造特色民宿，因此网站上展示有各种奇妙的住宿，比如树屋、海景房等可供住客选择。另外，由于房东都是在当地生活了很久的本地人，因此与他们相处，可以了解当地城市的文化，了解当地的风土人情，这一点尤其具有吸引力。还有一点，就是可以提供厨房厨具、洗衣机等家用电器，让住客有宾至如归的感觉。

而 Airbnb 的核心定位正是那些希望得到家庭式租住体验的人，能享受到房东的特色菜肴，得到他们的旅行建议等，这也是它不同于酒店的地方。

Airbnb 的这种新型的短租模式使美国的传统酒店业受到了很大的冲击，尤其是那些廉价旅馆。这些旅馆不得不考虑用降价来缓解 Airbnb 所带来的压力。

据波士顿大学的研究显示，每当 Airbnb 上供应的房屋数量增加 10%，州内酒店的收入就会下滑 0.35%。在 Airbnb 供应量最大的得克萨斯州奥斯汀，酒店收入下滑了 13%。

而对于希尔顿、万豪国际等传统酒店巨头来说，由于其房源成长性远远低于以 P2P 为主导模式的 Airbnb，所以，Airbnb 不再是一种“有意识的尝试”，而更可能变成一种颇具进攻性的威胁力量。

由此可见，Airbnb 正在颠覆着发展了近百年的酒店行业，给出游的人们带来了一种全新的住宿选择。

这几年，Airbnb 的海外市场发展十分迅猛，其在线服务里，有三分之二的业务都是跨越了国境线的。这种新经济模式的扩张也促进了当地的经济发展。正如 Airbnb 的 CEO 布赖恩 · 切斯基（Brian Chesky）所说：“我们这样的分享经济模式，不仅仅让房东赚到钱，也给本地经济带来繁荣。我们的调查发现，如果人们住在一些中心酒店里，大部分消费在酒店，对本地经济少有帮助，但我们完全不一样。”

2016 年 5 月 11 日，法国媒体《费加罗报》报道说，Airbnb 公司 2015 年为意大利经济贡献超过 34 亿欧元（约合人民币 252.57 亿元）。意大利是该公司除美国、法国后的第三大市场，Airbnb 上 90% 的意大利房主都是个人，在网站上出租房屋能为他们每年带来近 2300 欧元的收入。

目前，Airbnb 已经进驻了超过 160 个国家的 4 万多个城市，其业务运营所覆盖的疆土面积，是出行分享巨头 Uber 的两倍。2015 年，Airbnb 获得 15 亿美元融资，公司市场估值达到 250 亿美元，成长为全球第三大创业公司，仅次于 Uber 和小米。

Airbnb 旗下的房间数量已经超过了万豪、希尔顿、喜达屋等连锁酒店集团，平均每晚有 40 万人住在由其提供的房间里，有 2000 万人认同这种短租共享模式并成为住客，并自愿将共享经济传播给更多的人。2016 年 3 月，Airbnb 宣布成为了 2016 年里约热内卢奥运会的房源提供商。

回顾 Airbnb 的发展过程，它并不是一帆风顺的，而是经过了种种挫折。创始人甚至需要通过卖麦片来为公司筹措运营资金。它所做的事从 2009 年开始就没什么变化。但在这条路上忍受着种种质疑、资金短缺并最终坚持下来，从而改变了世界。

多年的运营积累，严格的审查制度，再加上独特的评分系统，让 Airbnb 得到客户高度的信任，拥有了一个相对而言非常忠实的客户群。有调查显示，Airbnb 的客户满意度高达 73%。美国投行 Cowen&Company 预测，2016 年 Airbnb 的预订额将达到 123 亿美元，将为 1.29 亿顾客提供服务，收入可能高达 16 亿美元。这些数字表明：在分享经济时代，以 Airbnb 为代表的短租分享模式有着十分巨大的市场，同时也表明了社会对 Airbnb 的未来持乐观的态度。

第四章

分享经济模式下的三大战略支撑

分享经济平台作为一棵树，要想长成参天大树，必须要有肥沃的土地，充沛的光照，足量的水源。离开了这三种必要资源，分享经济平台就难以获得长远的发展。所以，任何企业要想打造成功的分享经济平台，就必须让自己拥有三大战略支撑：移动支付、资源置换、社群营销，因为它们对应的就是一棵树长成参天大树所必须的肥沃的土地、充沛的光照、足量的水源。

移动支付：让成交更加随心所欲

世界营销大师克里曼特·斯通（Clement Stone）曾经说过一句话："未来的营销不需要太多的渠道，只要把你的产品进入消费者的手机就是最好的营销。"如今，他的这句话已经成为现实。

随着移动互联网时代开始迅猛发展，智能手机的市场规模开始急速膨胀，如今，几乎人人至少拥有一部智能手机。我们只要看看苹果、三星、小米、华为、中兴、联想、魅族这些专门制造智能手机的巨头之间的明争暗斗，就可以看出智能手机市场是多么火爆了。

前不久有一项研究表明，如今每个人平均每天至少摸100次手机，也就是说平均每5分钟就会摸1次手机，从起床开始就开始看手机，到晚上睡觉前依然在看手机。甚至可以这样说，一天24小时，陪我们最多的不是妻子，不是老公，不是孩子，而是手机。它变成了我们身体的一个器官，不可缺少的一部分，成为了生活当中的必需品。

移动互联网高速发展，智能手机销售火爆，人们对手机严重依赖等，这种种形势结合起来，都为移动支付创造了得天独厚的条件。在中国手机用户已经突破10亿的当下，移动支付可谓是大势所趋。

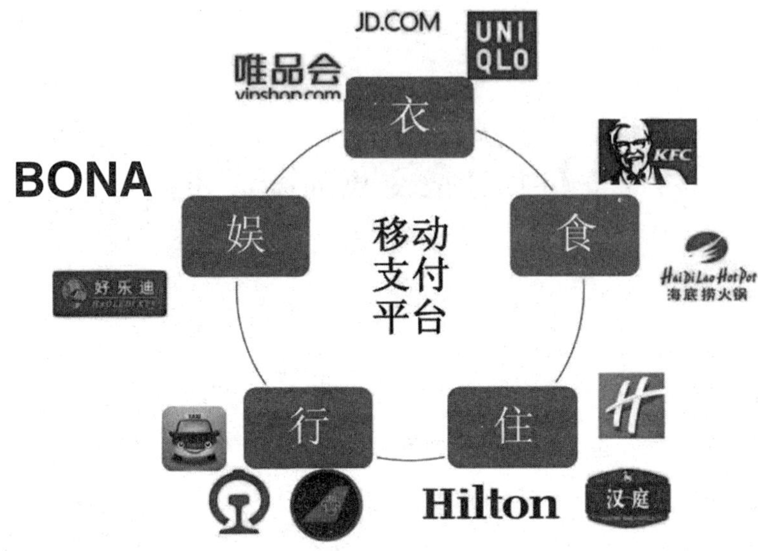

而在分享经济时代，移动支付的重要性可谓至高无上。没有了移动支付，分享经济模式就会立刻土崩瓦解。试想一下，如果没有移动支付，消费者无法随时随地地支付产品、服务费用，分享经济如何顺利运营？

Uber 在我国采用的移动支付工具之一是支付宝。消费者在注册 Uber 账户时，系统会提示其绑定自己的支付宝账户，这个支付宝账户就是以后在 Uber 平台上消费时的付费账户。当消费者通过 Uber 软件约到车辆，司机将消费者运送到目的地后，Uber 系统就会自动从消费者绑定的支付宝账户中扣除相应的乘车费用。Uber 的司机和乘客之间，没有任何钱财交易。

我们来分析一下 Uber 使用移动支付的意义。首先，如果 Uber 不使用移动支付，那么平台就无法管理资金，只能通过司机和乘客在线下完成现金支付。如此一来，就无法做到资金透明，也无法及时有效地将线下资金收集起来。毕竟，司机一旦收到了现金，让其主动、全额地将资金交回平台，无疑是一件很困难的事情。同时，司机将现金交于平台所处的单位，无疑还要花费很多时间和精力，这会减弱司机的积极性。

其次，司机与乘客之间在线下进行现金交易时，无疑会极大地增加时间成本，因为付款和找零都需要一定的时间。另外，如果乘客没有零钱，那么支付过程无疑会遇到更大的困扰。比如乘客的车费是 23 元，付给司机 100 元，而司机身上除了百元钞票外，只有 50 元的零钱，这时候就无法完成找零，支付自然会遇到障碍。这一状况不仅会影响司机和乘客的用户体验，还会极大地影响分享经济的可持续发展。

仅仅这两点，就足以证明移动支付在分享经济模式中的重要性。分享经济时代，是一个无支付不成交的时代，企业要想在这个竞争激烈、节奏迅猛的时代脱颖而出或者不走下坡路，就必须借助所有新的支付方式，让消费者能随时随地地购买产品或服务。只有做到了这一点，才能在最短的时间内凑成更多的合作，完成更多的业绩。

在诸侯纷争、硝烟四起的分享经济时代，分享经济平台为消费者提供的支付方式以及支付的便捷程度，影响的不仅仅是平台的业绩，还有平台的未来。当然，分享经济平台利用移动支付，其战略意义绝不止于以上两点。

分享经济平台通过对自己创建的移动支付系统的运营，其间产生了大量的信息流、资金流和物流，这些最终成为平台拓展业务的重要资产。

比如信息流。平台通过对信息流的管理，可以获取大量客户资料和交易行为信用记录，这有助于自己建立数据库，进而开展大数据业务，更好地进行信用分析和风险控制，为开拓其他领域创造条件。

比如资金流。移动支付过程会产生相当体量的资金沉淀，平台可以利用这些海量沉淀资金开展投资理财、资金托管、小额贷款等金融服务，以确保平台可以获得更多的盈利渠道和利润来源。

所以，企业如果想在分享经济领域获得长远的发展，就必须首先打造自己的移动支付工具，有了它，才能取得事半功倍的效果。当然，并非一定要拥有自己的移动支付系统才行，还可以和其他移动支付企业合作，通过它们掌握的成熟技术和资源来更好地达成自己的目的。

如今，我国已经有近300家企业拥有第三方支付牌照，加之移动支付技术操作简略便捷、体系搭建本钱低廉，未来还会有更多的企业加入这个行列，因为这是大势所趋。在这个时间就是金钱，效率就是生命的快节奏时代，没有人愿意把时间花在等待和烦琐的程序上，一切拖沓、冗杂的生活方式，都将会成为前行的裹脚布，被远远抛在时代的背后。所以，分享经济平台在选择移动支付合作企业时，有非常广阔的选择范围。

作为分享经济模式中的重要关口，移动支付一直保持着高速发展态势。目前，第三方支付正在与生物识别技术深度融合，试图通过技术创新来驱动移动支付产业完成升级。比如，移动支付目前已经呈现出多种方式，比如扫码支付、NFC支付（近场通信）、声波支付、指纹识别支付、刷脸支付等。当移动支付发展得更加完善和快捷，它给分享经济带来的红利就会越多。所以，分享经济平台无论何时，都必须把移动支付放在首要位置。

资源置换：大家好才是真的好

现如今，各行业之间的边界壁垒早已消失不见，曾经坚固如铜墙铁壁的领域屏障早已形如虚设。这是一个大规模跨界打劫的时代，任何企业，任何平台，都无时无刻不在面对各种潜藏的对手突然来到自己的地盘上夺食分肉的威胁，你不跨界，对手就会跨界到你的地盘。所以，在这个不知对手是谁的“凶险”时代，保全自己的最佳办法，就是资源置换。与其让对手跨界打劫，不如自己主动跨界寻求合作。

我国互联网巨头企业阿里巴巴，最近这几年一直在布局着疯狂的收购、兼并等跨界战略。尤其是在 2014 年 4 月份，阿里巴巴在一个月内购入四家内地及香港上市公司的股权，共计花费超过 190 亿元，让整个金融市场都震惊不已。如今，阿里巴巴在淘宝、支付宝、聚划算、阿里云、高德、新浪微博、华数传媒、文化中国等众多领域都拥有了自己的市场发言权，这使得阿里巴巴这个平台拥有了竞争对手难以撼动的力量。

阿里巴巴的战略布局，一时间震惊四野，众多企业纷纷从梦中醒来，意识到了大规模跨界时代的来临。更有一些先知先觉的企业，开始积极地进行资源置换，以避免被潜藏的对手颠覆。

2015 年 11 月 24 日，我国分享经济领域的巨头企业滴滴打车与“互联网 +”餐饮领域的巨头饿了么完成了协议签署以及股权交割，并在第二日宣布滴滴打车正式战略入股饿了么，至此，被业界议论已久的“饿了么是否会与滴滴合作”的话题终于尘埃落定。

从企业发展的战略角度来看，滴滴打车与饿了么的合作，无疑是滴滴打车在分享经济时代的又一次破冰之举。饿了么借助滴滴打车自身的运输资源使即时配送体系得到了重要补充，滴滴打车也借助饿了么拓展了“人”以外的运输场景。滴滴打车和饿了么开展合作后，可以通过饿了么提供的各种物流数据，正式进军同城物流配送领域。

而在获得大量宝贵的数据资源的同时，滴滴打车还找到了更多的盈利点。比如说，通过与饿了么合作，就可以将饿了么平台上的流量直接导流到自己的平台上，而流量的增长，自然会提升自己的市场溢价能力，并且还会直接提升平台上各个司机的收入，将平台打造得更具黏性。

当然，合作自然是建立在双方互惠互利的基础上。对“互联网+”餐饮领域的巨头饿了么来说，与滴滴合作，将大幅提升自己在物流方面的配送能力。以往饿了么的配送物流体系主要局限于半径为3公里的范围内，而有了滴滴汽车运力的加入，能大大延长现有的配送半径，实现全城覆盖。同时，由于运力充足，就不会再控制商户单量，如此一来，就可以大大提高商户单量，可以大大提升饿了么的O2O用户的服务体验，以及饿了么在外卖O2O领域的竞争力。所以，滴滴打车与饿了么这两大巨头的合作，是它在分享经济领域做出的伟大探索，这种跨界合作，无疑会让它的未来更加光明。

当然，作为分享经济领域的出行巨头，滴滴打车如今已经难逢敌手，所以，它再次将目光瞄向了更加宽阔的领域。毕竟，仅仅局限于出行领域，对于一家分享经济平台来说，资源无疑是非常匮乏的。在这个大规模跨界和融合的时代，只有构建更广大的平台与更宽阔的生态，进行更深层次的资源置换，才能获得更有力的生存保障和更长远的发展动力。

2016年1月26日，滴滴打车与招商银行宣布达成战略合作。滴滴打车的这一举动，意味着它在完成了分享出行领域的布局后，又再次将触角伸向了分享金融。在滴滴打车与招商银行的合作内容中，包含了资本、支付结算、金融、服务和市场营销等多个方面。由此，招商银行将成为滴滴打车的战略投资方，滴滴也将接入招行的“一网通”，并将其设定为乘客支付方式之一。同时，双方还透露，未来还将探讨发行联名信用卡及借记卡、招行线下营业网点为滴滴司机提供注册服务等，尤其引人注意的是，招行和滴滴也将合作试水汽车金融。

分享经济时代，是资源为王的时代，谁具备更强悍的大数据资源，更雄厚的用户资源，谁就有可能成为王者。我们就以大数据资源为例。分享经济平台依靠的是超强的大数据运作能力才得以生存，数据就是平台的生命线。所以，企业不能只依靠自己的内部数据来制定战略、作出决策，更应该去依靠外部的数据去制定战略、作出决策。任何割裂、孤立、静态的数据都会让企业陷入信息的孤岛。

分享经济时代，只有将平台与其他平台连成一片，平台才有未来。如果你的数据不流动，你的平台就是一个信息孤岛。而如果和其他平台的数据资源结合到一起的话，无疑可以获得更丰富的数据资源，对未来的发展大有助益。

所以，任何分享经济平台都要学会利用资源置换这一战略手段，让自己以最小的代价和成本换取最大的利益和资源。也唯有如此，才能轻装上阵，更快地走向成熟和壮大。

社群营销：为分享经济大树打造庞大的蓄水池

社群营销，是指通过将有共同兴趣爱好的人聚集在一起，将一个兴趣圈打造成为消费家园。它是一种基于圈子、人脉而产生的营销模式。关于社群，大家先来读一段话：“互联网让每个人和每个品牌找到与消费者连接的路径，最短、最便捷的机会，只要你有足够的闪光点、吸引力、人格魅力甚至是噱头，你都可能迅速聚集到一群追随者，如果你能够去经营这些社群，你将可能在一个竞争激烈的新商业世界中，找到品牌存在的新机会。社群媒体的威力强大，它可以在一夜之间迅速强化或摧毁品牌，不论是个人还是企业形象都是这样。而对个人使用者而言，社群媒体能使人轻松与外界交流，同时众多个人集合成的庞大社交圈，也将形成具有效力的推进机制，取代搜索引擎，让使用者迅速找到周围的产品众多的使用咨询。”

仔细研究这段话，我们可以分析出社群营销的价值所在。移动互联网时代，任何人都是自媒体，所以，社群里的每个成员都相当于媒体，你的社群越多，在社群里的影响力越大，如果你有产品需要推广，你只要在社群里发布一下产品信息，让大家帮忙推广，就会收到好的营销效果。所以，分享经济要想成长壮大，最佳的办法之一就是选择社群营销，在短时间内迅速实现粉丝裂变、信息推广的营销目的。

其实，在当今时代，社群营销早已不是新鲜事物，很多企业已经将其玩得风生水起。而在这些企业中，最具有标杆性和说服性的，还要属小米公司。

小米公司虽然才成立了短短六年的时间，但早已成为中国手机领域的巨头和互联网企业领域的巨头。小米的成功，有各种各样的原因，但其中有一点功不可没，那就是小米令对手望尘莫及的营销手段。

对于小米所获得的各种骄人战绩，小米创始人雷军曾在一次“米粉节”发布会上讲道：“米粉节也是社交电商的成人礼。”言下之意就是，小米的成功，是靠着社交网络取得的。如果不是施行社交电商这一营销战略，小米是不可能在短短几年间就从一家从零开始的企业迅速崛起成为国内排名前三的 B2C 电商和最大的品牌电商。

小米的社交战略在很早之前就确立了，小米社区远比小米手机推出的时间还要早。这个社区的建立，为小米企业聚集起了大量的忠实粉丝，为小米企业后期的产品研发和市场推广发挥出了事半功倍的效果。

任何经济模式都不可能是完美无缺的，它们总有这样或那样的劣势或不足，而这些劣势或不足，有时候恰恰成为它们发展的短板，如果不能加以完善，那么它们的发展就会受阻。分享经济同样也不例外。分享经济平台要想在短时间内提升自己的知名度，就必须依靠各种各样的渠道扩大自己的粉丝群。而社区就是最好的选择之一。如今，已经有越来越多的分享经济平台都正在借助社群营销模式来提升自己的品牌影响力。

好帮家作为中国和谐社区全业态服务商，主要服务内容是为消费者提供基于“互联网 +”的“家庭和社区家政五星级服务、家庭和社区众创投融资服务、家庭和社区文化优生态服务”。它将自己定位为中国最大“互联网 + 家 + 社区”共享经济文化社群。也就是说，它在分享经济领域的成功，靠的是社群营销的支撑。

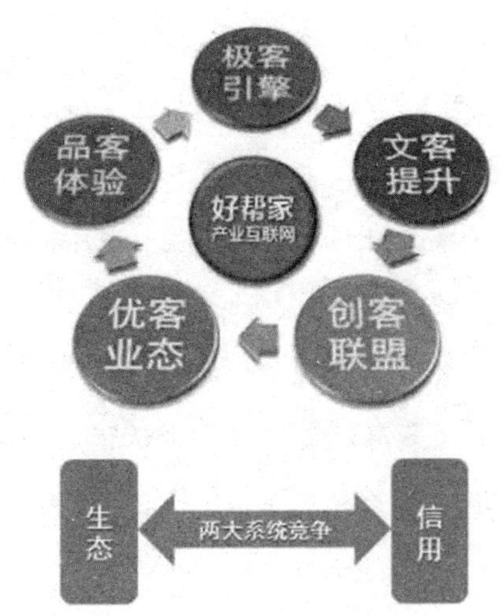

虽然好帮家如今在分享经济领域才刚刚起步，但它已经找准了生存命脉，懂得通过社区经济来为自己的分享经济平台提供新鲜血液和创造更大的市场知名度。这一点，我们可以通过“好帮家文创联盟提供的区域加速器筹备组及区域微信群工作指引”略窥一二。

一、区域加速器（运营公司）组织架构：

1. 总群主吴世泽（中国好帮家执行董事）。

2. 区域总秘书长 1 人（区域加速器筹备组负责人、区域副群主）。

3. 区域秘书长 50 人（区域加速器筹备组成员、区域群委）。

二、区域“好帮家文创联盟”3000 个微信群：

1. 区域总秘书长候选人在总群主要求的周期内：

发展区域秘书长 50 人、创建区域微信群 50 个（每个群 500 人）。

2. 区域微信群群员入群身份识别：

（1）诗人作家或文联、文化局、文明办、宣传部、媒体等系统的文化、文客级人士；（2）以“中国家庭”为对象的创业、创客级人士；（3）以“中国家庭”为对象的商家、优客级人士；（4）各级商会、互联网协会、物业协会、家政协会、物业经理、社区主任、业委会等代表性人士；（5）教师、教练、医生、律师、主持人、意见领袖等高能量人士。

三、区域“好帮家文创联盟”微信群秘书长分为三级：

1. 区域预备秘书长

级别：初级。

条件：预备群满 300 人、群认证达 100 人，转为区域秘书长。

2. 区域秘书长

级别：中级。

条件：群满 450 人、群认证达 300 人，同步发展区域预备秘书长 5 人。

3. 区域总秘书长

级别：高级，等同加速器合伙人。

条件：满足区域秘书长条件，可竞选总秘书长，系统将对区域秘书长/区域总秘书长是否能进入加速器执委会、筹委会进行能级、呈现度综合评估，以确认其资格。

四、区域“好帮家文创联盟”微信群秘书长申请流程：

1. 申请格式（复制、填写、私信吴世泽）

（1）真实姓名（含微信名、笔名或网名）

（2）所在城市（只填一个常住地）

（3）所属单位及职务

（4）个人简介（约 50 字）

（5）联系手机

2. 申请路径

请您加总群主吴世泽微信号 ladc2013

虽然我们还不好论断好帮家未来在分享经济领域能走多远，但至少从其战略步骤中可以看出，它的市场开拓手段没有错，它希望通过打造强大的、成熟的社群营销平台，来为自己的分享经济提供新鲜血液和市场生存土壤，仅仅这一点，就已经决定了它具备了好的开始。而一个好的开始，就是成功的一半。

当然，分享经济平台要想做好社群营销，也并非一件易事，其中最难的就是如何吸引目标人群加入社区，如何维护社区的活跃度。在这里，我可以简要地给大家提供四个方向，它们分别是：提高高价值的互动、策划高质量的活动、搭建统一的运营管理平台、借力外部资源。

只要严格按照这四个方向运营社区平台，那么经过一段时间的运营，势必会获得明显的效果。当社群营销平台成长为一棵参天大树时，分享经济平台就离成功不远了。

第五章

全民分享时代，用开放的态度拥抱变革

分享经济时代，本质就是一个求新求变的时代。过往的一切模式、思维、流程等，都已经与这个时代的新环境格格不入。正所谓不破不立，只有用开放的态度拥抱分享经济时代的各种变革，才能获得这个时代的发展红利，让企业站上时代的风口。

思想上要快速突围

如果说，十年前我们用日新月异来形容所处时代的快速发展状态还有点夸张的话，那么今天，我们再用日新月异来形容所处时代的快速发展状态已经丝毫不夸张。这已经成为一种不争的事实。

移动互联网的大发展模糊了行业的界限，推动了各种企业真正踏上了快速发展的通道，也让越来越多的行业和企业站到了行业大变革的风口浪尖。在十年前，一家企业没有十年、二十年的成功累积，是很难打造出一个知名品牌的，更难以成为行业巨头。但是在 2016 年，这种现象却已经司空见惯。很多企业，凭借着敏锐的市场嗅觉，超前的战略思维以及对时代发展趋势的精准把控，轻而易举地就站上了时代的风口，昨天它还默默无闻，今天就变得世人皆知，成为了一方霸主。

小米从一开始只有圈子里的人知道，到后来被所有人追捧，令中国乃至世界瞩目，这样神奇的成长过程，在中国企业中寥若星辰。是什么造就了小米奇迹呢？是其对时代趋势的精准把控和对互联网思维的合理运用。此外，还有京东、雕爷牛腩、黄太吉、三只松鼠等莫不如是。它们都是在互联网思维的指导下迅速成长起来的企业。可以说，是互联网思维成就了这些企业。

当然，最大的原因还是因为这些企业解放了思想，踩准了时代趋势的脉搏，先发制人，从而站上了时代的巅峰。这也是其他企业费尽心思拼搏奋斗了多年，依然未能站上时代巅峰的原因。有些企业甚至在新的经济模式的冲击下，步履维艰。

比如有的传统企业本来在各自的行业都做得非常出色，但是如今却发现以前的战略规划毫无用处了，看不见自己的利润出现在哪里，生产的东西越来越难卖，不知道消费者的脑袋里到底在想些什么。面对萎靡不振的市场，几乎所有的传统企业都被恐惧的感觉笼罩着。

正如新东方的董事长俞敏洪说：“今天，不管你做出多么正确的商业政策，都有可能死掉，因为你原有的成功基因不符合当下成功的标准。所以，消灭你与你无关。”这句话很有哲理，非常适合时代突变的当下。成功，永远和时代相关。而当下的时代，是分享经济的天下，是分享经济至上的时代。企业只有向分享经济看齐、靠近，才能获得更好的生产空间。

2016年5月18日，拍卖行业爆出了一个惊天消息，阿里巴巴集团将旗下的“闲鱼”和“拍卖”业务进行了合并。众多业内人士都知道阿里巴巴此举意味着什么。作为国内非常著名的闲置交易平台和在线拍卖平台，它们的强强联手，意味着分享经济领域将会出现一艘新的航母。

在“闲鱼”和“拍卖”业务合并的新闻发布会上，阿里巴巴集团CTO张建锋说：“作为阿里集团旗下两项高速成长的业务，闲鱼和拍卖都深具分享经济和强互动的社区基因，二者在发生化学反应之后，将诞生国内最大的分享经济平台，并探索包括闲鱼拍卖、闲鱼二手交易、闲鱼二手车在内的多种分享经济业务形态。闲鱼和拍卖不是相加，而是相乘。在我们看来，构建一个分享经济社区化平台的时机已经成熟。”

其实，早在2016年2月，阿里巴巴创始人马云在亚布力论坛就已经明确表示过：“阿里未来要做社区，社区做的是分享。”这清晰传递了“闲鱼”与“拍卖”相乘的方向：社区+拍卖+交易=分享经济社区化平台。而如今，“闲鱼”与“拍卖”的合并，也印证了马云在分享经济领域的战略规划正在被逐一践行。

闲鱼作为一个知名的价值分享社区，其诞生的时间并不长。从2014年6月28日正式上线运营到今天，不到两年的时间，但是其发展速度却是令人瞠目结舌。成立不到两年，已经完成从百万级向亿级用户量的飞跃，并快速形成了独特的移动社区群落和物品交易市场。2015年闲鱼推出基于地理位置或兴趣同好的社区“鱼塘”以来，目前各地、各类兴趣鱼塘已累计超过17万个。鱼塘正成为推动闲鱼活跃循环的基本组织。

根据第一财经商业数据中心在2016年3月发布的《2016分享经济发展报告》显示，闲置交易群体有非常积极的互动意愿，闲鱼用户每天的人均互动高达12次。这一辉煌战绩，可谓羡煞所有同行。

行业内所谓的强强联手，绝不是一句空话。阿里旗下的拍卖业务同样有着傲娇的成绩。由于其早在2012年便上线运营，在四年的运营时间里，拍卖平台已经发展得非常成熟，平台上拍品标得形形色色，包括明星名人、司法资产、上市公司股权、海外岛屿、意大利古堡等，近期在“papi酱拍卖”中使用的全球首创的“边看边拍”新玩法，更是获得了极高人气和好评。

“闲鱼”与“拍卖”的合并，意味着“全民拍卖”时代来临，分享让价值最大化。闲鱼、拍卖天然带有草根社区与分享经济的基因，一旦合体，将有望彻底打通海量用户、移动社区群落与商品交易的链路，勾勒出一幅分享经济模式的巨大想象力蓝图。其背后折射的恰恰是阿里巴巴对未来商业形态发展，以及“人与商品、人与人、人与服务”连接方式的崭新畅想。

连阿里巴巴这样的巨无霸企业都在改变思想，拥抱分享经济，这已经充分证明了要想在分享经济时代生存下去，就必须积极地转变思维，接受新的战略思维。

在这个世界上，没有最成功的企业，只有顺应时代潮流的企业。过去的一切辉煌成就都已经过去，面对新的时代，传统的思维早已不适应，这直接导致企业的明天被迷雾笼罩着，前途未卜。企业最害怕的不是被谁打败，而是不知道自己将会被谁打败。总之一句话，再彪悍的企业，都敌不过时代的滚滚洪流。

所以，不管你是传统企业还是互联网企业，有没有“互联网+”思维，更不管你愿不愿意接受分享经济时代，只要你生存在这个时代，就无可避免地要跟分享经济打交道。你现在已没有过多的时间考虑，更没有时间犹豫，因为市场的先机不会站那里等你，也不会主动把选择权留给你，要么积极转变思想适应潮流，要么墨守成规被潮流淘汰。

模式上要不断创新

随着大众认可度的持续提升，分享经济的风头越来越劲，如今已经渗透到了生活中的各个方面，对各个领域的企业产生了深远的影响。其实，早在分享经济刚刚在我国露出苗头时，很多企业界人士和专家学者就一致认为，分享经济有望重塑从政府到企业再到个人，每一个社会领域的商业形态乃至思维方式。

如今，眼前的事实已经充分证明了这种论断。分享经济作为一种带有颠覆性质的商业模式，正孕育着大量的实现无边界扩张的企业。这种重塑不止于企业无边界的扩张，从企业，到政府与个人，从商业形态，资源分配，都在发生深刻的变革和结构重塑。所以，分享经济的特点还可以简要概括为：颠覆体验、资源整合、重构连接。

所以，面对这一充满颠覆的时代，企业要想获得更好的战略机遇，就需要在模式上不断进行创新。只有求新求变，才能更好地生存和发展。当然，如果全都一窝蜂地开展分享经济模式，那么实力弱小的企业自然抗不过实力强大的企业的绞杀和围攻。所以，最明智的选择就是在分享经济的模式上，进行再次创新。只有通过创新，哪怕是微创新，也可以避免很多对手的锋芒，为自己赢得更多的发展空间。

前面我们已经讲过众筹的一点内容，并已经知道众筹是分享金融领域的一大分支。这里我们再进一步了解一下。众筹分为四大类，奖励制众筹模式、募捐制众筹、借贷制众筹、股权制众筹。随着分享金融愈演愈烈，一个集投资、融资、理财于一体的新时代正在成为现实，在这种趋势下，像奖励制众筹模式、募捐制众筹模式等，已经无法满足以投资为目的的支持者的要求。

毕竟，相比于实物汇报，人们更喜欢现金回报。股权众筹就是在这种形势下产生的。因为它可以满足人们对于现金回报的需求，这也给股权制众筹的发展奠定了基础，为分享金融模式创新创造了很多有利条件。所以，股权众筹的产生也是对分享金融模式的一种微创新。

大家投众筹网就是一家极富创新精神的企业，它在看准了分享金融模式的不足之处后，勇于开拓，成立了不同于奖励制众筹模式、募捐制众筹、借贷制众筹三种模式的新分享金融模式。经过几年的发展，凭着自己的优秀资源，它如今已经在业界内赢得了很高的人气和知名度。

大家投众筹网这家分享金融平台是如何运作的呢？我们来举个简单的例子。张小刚是一个创业者，因为自己有个非常好的创意项目，但苦于没有资金支持，他在大家投网站上做了一名项目发起人，融资目标为100万元，回报是出让公司10%的股权。大家投网站给这个项目设置了一个门槛，最少的出资额为10万元。

项目公布后，领投者认投10万元，其余四位跟投者分别认投40万元、30万元、10万元、10万元。如此一来就实现了融资目标。然后这五位支持者和张小刚集体成立有限合伙公司，在线下办理有限合伙公司注册、投资协议签订、入股项目公司工商变更等手续。这一系列手续完成后，融资到的100万资金就会注入张小刚的企业账号中，而张小刚也将出让10%的股份，这五位支持者将分别获得1%、4%、3%、1%、1%的股份。至此，该股权制众筹顺利完成。

股权众筹这种分享金融目前之所以还没有在我国大规模普及，不是因为企业能力不足，而是和我国的法律法规有一定的关系。因为我国相关法规规定众筹平台上不能以股权、资金等形式作为回报，否则就是非法集资行为。好在大家投并没有触犯这一法规，它对金融模式进行了微创新，让所有股权回报都是在线下完成，并且所有投资者集体成立了有限合伙公司，如此一来他们就是受法律保护的合伙人，不存在违规问题。

同时，为了不触碰“私募股权公司投资者人数不能超过 200 人，有限责任公司投资者人数不能超过 50 人”的法律红线，大家投众筹网站设立了“领投人 + 跟投人”的机制，领投人是指第一个对融资项目进行投资的人，剩下的投资者都称为跟投人。“领投人 + 跟投人”的机制规定领投人和跟投人的投资额度最低限度分别为项目融资额度的 5% 和 2.5%。这种机制相当于一个门槛，把那些不符合规定的人拒之门外，从而确保项目不仅可以达标，还不超出法律规定的人数范围。如此一来，任何融资项目的有限合伙制人数都会保持在40人以下。这样在股东人数上就不会存在任何法律风险了。

如今，随着分享经济的影响范围越来越大，我国政府正在为股权众筹的长远发展创造更多有利条件。2015年5月7日，李克强总理走访中关村创业大街，在提出大众创业、万众创新的理念时，还着重讲到要进行股权众筹融资试点。而在一个月后的6月8日，中国人民银行金融研究所所长姚余栋也在互联网金融千人会举办的第三届移动金融大会上发出铮铮誓言：“要将股权众筹打造成资本市场的新五板。”

这一切，都意味着股权众筹正在迎来自己的春天。而事实也确实是这样，如今已经有很多企业主动开始进行模式上的创新，向股权众筹这种更有发展前途的分享金融模式看齐，试图寻找更长远的发展空间。

原始会就是和大家投众筹网站类似的分享金融平台，虽然它的实力不如大家投，但也凭借自己的创新和努力，已经获得了很好的发展空间。原始会的官方介绍是：原始会是网信金融旗下的股权众筹平台，致力于为投资人和创业者提供一站式投融资综合解决方案，帮助创业者迅速融到资金，帮助投资人发现优质项目。在这里你可以发布项目，并通过这个平台面向投资人融资，让投资人一起来众投。同时，我们还提供资源对接、宣传报道、可视化估值、财务预测、融资辅导等优质的增值服务。我们的宗旨是让天下没有难融的项目，让天下没有投不出去的钱，实现多方共赢！

事实上原始会确实能力非凡，它作为一站式股权众筹平台，在股权众筹领域可谓深耕不辍，取得了非凡的业绩。到目前为止，它在科技、娱乐、艺术、农业、本地生活、能源、医疗、教育等领域皆有良好战绩。

注册金融分析师、普林斯顿大学公共管理硕士、原始会CEO陶烨女士曾明确指出：“股权众筹的真正意义是股权投资资金的优化配置，怎么样能够把有资源的人和需要资源的人——有股权融资需求的企业和有股权投资意向的人对接在一起。”正因为她能一针见血地指出股权众筹融资的本质，所以才能让自己创建的股权众筹平台走得更远，这也是原始会能在分享金融领域占据半壁江山的主要原因。

有了股权众筹这种分享金融模式，有钱的人们可以通过这一分享经济平台获得更多的投资机会。而缺钱的创业者，同样可以通过这一分享经济平台获得更多的资金支持，为自己的事业增加更多的保障。所以，这种分享金融的创新模式，必定会有广阔的发展前景。

分享经济时代，是一个自我颠覆、疯狂跨界的剧烈变革时代，我们一定要解放思想，不要将目光局限于物品的租赁与交换这些比较狭隘的视野里，而应该发挥自己的聪明才智，去寻找、去开拓更多的新领域，从而创新出更多的新分享经济模式。只有不断地创造出新模式，才能挖掘出更多的商业机会和市场蓝海。

坚持＋转型，从分享经济中淘金

房产大亨王石曾经在一次企业家峰会上说过一句意味深长的话：“淘汰我们的不是互联网，而是我们不接受互联网。”物换星移，时至今日，互联网已经落后，分享经济早已开始统治一切。所以，今天我们可以把这句话换成：“淘汰我们的不是分享经济，而是我们不接受分享经济。”

当线下的实体店大喊生意难做的时候，淘宝仅在2015年“双11”一天，交易额就达到了创纪录的912.17亿元；当传统的书店频频关门的时候，当当网却宣布2015年网站图书销售额突破百亿，其中有22家出版社在当当的销售超过1亿；当银行业大街小巷的网点门可罗雀的时候，余额宝至2015年规模增加到6207亿元，用户数大幅增长到2.6亿……

事实证明，面对着汹涌澎湃的移动互联网，传统的商业形态已无法抵挡它的冲击，转型或许是最好的选择。在这种形式下，很多企业家都审时度势，适应时代的发展，选择与互联网一路同行。像海尔、格力等老牌企业也由传统的线下销售转入线上销售，而像淘宝、腾讯、百度之类的互联网企业则抓住机遇，迅速成长为互联网企业的领头羊。

如今，分享经济乘着互联网的东风，以不可阻挡之势席卷全球，再次给传统的经济模式带来了冲击，也给社会带来了变革。面对这种变革，只有一个选择：转型！不管你愿不愿意。正如新希望集团总裁刘永好所说“要么主动转型，要么被动颠覆”。

分享经济时代的到来，让很多人看到了机会，他们借助这个新型的经济模式切入市场，开启了全新的职业发展道路，但是，也让很多传统企业忧心忡忡，担心自己会被颠覆。其实，分享经济不是洪水猛兽，它应该是对传统企业的一种升级和补充。传统企业应该主动接触并接受分享经济，只有这样才能促进企业的持续健康发展。

对于传统企业来说，由于它们拥有专业的资源和人才，再加上雄厚的经济基础，所以，与那些初创的分享经济企业相比，它们更有天然的优势。

联想集团董事长兼首席执行官杨元庆在2016年3月27日的中国IT领袖峰会上，回答数字中国联合会主席吴鹰的提问时，曾说："一个大的分享平台，有些不是小企业能够做的，比如大规模采购、全球化营销。"

所以说，在分享经济时代，对于那些具有一定规模的企业来说，传统企业资源的应用是非常重要的。

但是，在以移动互联网为基础的分享经济面前，不论是新进入的企业还是传统企业，都应该改变固有的思维方式和思维习惯，对这种全新的商业模式中的用户需求加以辨别并接受，也才能更好地融入其中。

总体来说，分享经济下的用户需求，主要有以下几个特征：

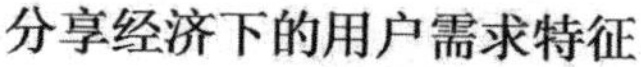

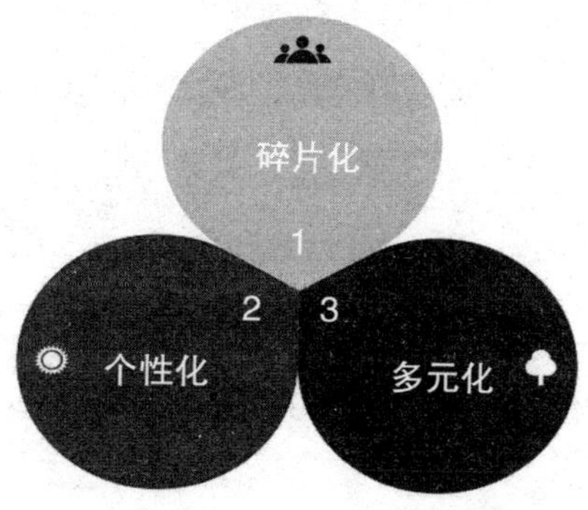

1. 用户需求呈碎片化

随着生活节奏的加快，人们习惯将时间碎片加以利用，通过互联网平台随时随地获取信息或进行工作。可以说是碎片化的趋势和需求，催生了各类移动App。有调查数据显示，78%的用户透过移动设备上网来消磨时间，72%的用户在独自一人时会使用移动设备上网，70%的用户会在交通工具上移动上网。碎片化的时间分配和移动上网使得移动设备应用和服务获得了越来越多的用户。换句话说，在分享经济时代，谁能有效将人们的碎片化时间利用起来，谁就能获得更大市场。

2. 用户需求呈个性化

随着社会的发展和经济收入的提高，人们的消费观念发生了很大变化，不再盲目地追求潮流，而是开始追求消费的个性化。同时，网络时代的"定制化"产品也唤醒起了人们个性化的消费意识。所以，如何为用户提供个性化的商品和服务，是互联网营销的关键。

3. 用户需求呈多元化

随着中国经济的全球化，用户的需求也日益多元化，并与国际市场接轨。现在人们的消费结构已由传统的以吃穿为主的生存型消费，向住、行、旅游等享受型消费过渡。人们希望通过消费来享受高品质的生活。这也为一些服务型的企业的发展带来很好的市场契机，只要敏锐捕捉到用户的需求，并不断调整自己的产品来满足用户多元化的需求，就一定能赢得用户的青睐。

目前已经有一些成熟的企业开始接受并认真考虑分享经济模式，并且借此形成分享时代的核心竞争力。比如BMW、标致、戴姆勒等汽车厂商推出“以租代售”的汽车分时租赁业务；比如地产商SOHO中国推出的共享办公SOHO3Q，万科推出的长租公寓等。而一些知名餐饮企业加入“美团外卖”、“百度外卖”等第三方网上订餐平台，其实也是传统企业参与分享经济的一种。世界著名连锁酒店万豪国际集团早在2012年就开始了这方面的尝试。经过多年的坚持和不放弃，才终于修得今日的正果。

万豪国际集团亚太地区首席市场营销官若方国瑜在平时的工作中发现，酒店里经常有客人寻找可以安静工作的地方，但这时酒店的会议室却经常空着。于是，在她的提议下，2012年万豪集团与办公空间租赁平台LiquidSpace合作，按小时或天将酒店闲置的会议设施进行出租。除酒店客人外，也接受外部预订，包括当地的律师、咨询师和独立工作者等。

基于分享经济的分享理念，在被其洗礼后，传统企业可以减少资源浪费和服务受限等缺点，创造出一个开放、高效的新形象，提升工作效率和提高经济收益。

正所谓物竞天择，适者生存。面对当下这千载难逢的良机，不论是传统企业还是新型企业，都应该顺应时代潮流，主动向分享经济转型，而不是抱残守缺，逆势而行。当然，罗马城也不是一天建成的，企业的转型过程中难免会遇到很多困难。但是，只要坚持，就一定会成功转型，成为分享经济时代的弄潮儿。

锁定价值客户，打造分享经济模型

任何企业要想发展，都必须有自己的客户群，换句话说，客户是企业的生意之本，赚钱之源。这一点是毋庸置疑的。分享经济是依托客户在互联网平台进行分享或交流而形成的一种经济模式。所以说，没有客户，也就不会有分享经济。而客户的需求又成就了分享经济模型。

一个平台要想在分享经济时代脱颖而出，在初创时期就必须进行精准打击，界定好自己的目标客户，只有这样才能给自己一个准确的定位，形成平台独特的竞争力。那么，一个初创企业又该如何锁定客户群呢？

在很多人看来，产品的销售无非是要进行一些推广，做几次广告。的确，这样的销售渠道可以吸引来一些消费者，但是却需要很大的经济成本。而从客观方面来讲，这样做收效甚微。但假如创业者换个思维方式，把自己的企业定位于“为客户输出产品的价值，而不是输出产品”，那么，思路就会自然而然从销售渠道而转换到客户群。

比如说，某地产商要在某重点学校附近开发商品楼。如果按照推广惯例，开发商关注的是房子，将其定位于适合于各种家庭居住，就会进行各种推销手段，进行宣传。但如果关注的是“输出产品的价值”，则会将商品楼定位于学区房，以陪读家长的刚需为市场切入点，必然会将销售的成功率提升许多。

2015 年，由上海盛久网络创业企业开发的一款定位于“情感分享”的共享经济社交应用——蜜糖 App 掀起了一波网络社交热潮。

蜜糖是一款虚拟恋人应用，它采用了共享经济的互联网模式，以情感需求为社交媒介点，让人们通过平台分享空闲时间和情感，找一个符合自己标准的虚拟恋人或听众来倾诉。既解决了人们渴望拥有一个能够说得上话的人的需求，又通过时间分享获得了相应收益。

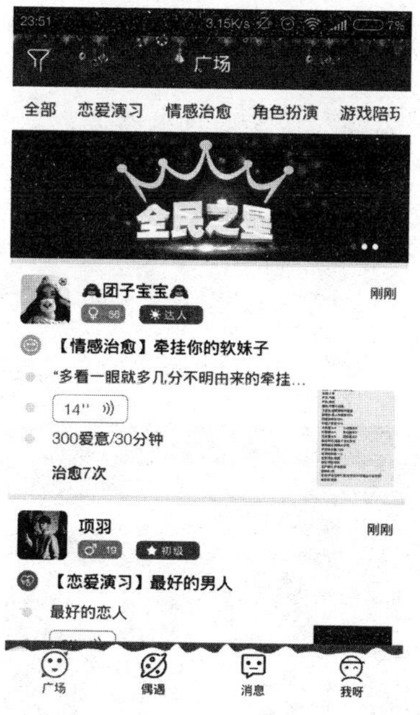

与第一代社交模式软件不同，蜜糖以实现用户时间的“剩余价值”为出发点，通过情感和收益相结合，将时间转化为财富，使时间成为真正意义上的商品。作为普通用户寻找恋人时，每天有 1 次免费试聊 20 分钟的机会，如若再寻找恋人或者续聊则需要付费。这种基于付费基础上的社交，大大降低了垃圾信息以及无故搭讪的存在，让用户获取的信息更加高效。

在互联网环境下成长起来的孩子，有很多人习惯于用网络进行交流或沟通，而不善于甚至抵触现实生活中的人际交往。还有一些人，则希望通过网络平台的虚拟交友来释放高节奏的工作和生活带来的压力。

蜜糖 App 正是将目光聚焦这些客户身上，为他们提供了更高效、真实和高信赖度的恋爱交友。交友快速，成功率高，情感明确，这也是它与以往交友软件的最大区别。

蜜糖拥有最完整的商业模式，它将交友的目的进行前置，使用户加入蜜糖有明确的目的，大大提高了其沟通效率。同时，它将用户的碎片时间整合起来，将其转化为财富，使时间成为真正意义上的商品。用户到平台上是为了得到情感上的服务或者为了获取收益，而不是为了社交。它可以让每一个普通个体通过平台的情感共享来实现收益，诠释了“共享经济”的真正含义。

社交的途径具有多样性，但是对于站在“互联网+”风口的社交来说，以蜜糖为代表的这种零距离、秒代入、无压力的社交模式却受到了用户的欢迎，俘获了大量的用户，尤其是“90后”的用户。

蜜糖成立半年时间，平台累计注册人数达到30万，日活跃人数2.5万，日付费订单达到2500件，日交易额2万元。

虽然蜜糖现在的规模还很小，盈利能力还不够理想，但对于一个初创企业来说，尤其是在强敌环伺的竞争白热化趋势下，取得目前的成绩已经是非常不错的结果了。在未来，随着商业和生活的边界不断减小，蜜糖的需求也将会有很大的增长，或将颠覆移动社交的定义。

如今，蜜糖这种通过行业细分深挖价值客户，打造适合自身发展的分享经济模型的做法，正被越来越多的企业青睐，已经有很多初创企业以蜜糖的创业模式为模板进行市场开拓，并且取得了不错的效果。

总之，所有的分享经济平台营销都是围绕着客户，所以一切的营销行为，都应该遵从产品的价值链，并通过其特性锁定客户群，然后再对客户群深度分析，只有这样的平台也才能搭乘着分享经济的这班顺风车跑得更远。

第六章

遵守三大军规，玩转分享经济

分享经济之所以被众多企业视为救命稻草，就在于它强大的资源整合威力以及以小博大的先进经济模式。但是，要玩转分享经济并不容易，只有把准了它的脉搏，对症施药，才能最大限度地掌握它，利用它。因此，掌握玩转分享经济的三大军规，就势在必行了。

用户至上：将用户放在第一位

支撑一家分享经济平台平稳有序发展的核心资源是什么？是金钱吗？是人脉吗？是技术吗？都不是！是用户。没有了用户，平台就无法正常生存。即便有再多的钱，再好的人脉，再先进的技术，失去了用户，一切都是无用的。

阿里巴巴很有钱，但它能再打造一个同等规模的微信或者QQ吗？联想的创始人柳传志拥有的人脉资源不比华为的任正非少，但联想为何不能像华为一样具有全球竞争力呢？当当网的互联网技术和淘宝、京东同样不相上下，但它为什么一直难以获得后两者的用户规模呢？答案都一样，因为胜利者拥有着庞大的用户规模。用户规模支撑着他们始终站在最高点，让后来者难以超越。有了用户，企业、平台才有成功的可能。

尤其是在这个竞争激烈、消费者要求越来越多的商业时代，企业、平台无疑压力重重，因为稍有不慎，就会因为一场失败的营销或者其他失误而导致消费者对平台的产品或服务失去信任，抑或是被竞争对手赶超，占有了自己原有的市场份额。

物竞天择，适者生存。那些优秀的分享经济平台之所以能在竞争如此激烈的严峻环境中屡屡拔得头筹，就是因为它们已经明白，企业的实力和用户的规模呈正比。所以，只有把用户放在第一位，一切以用户为中心，才能获得更长远的发展。

那么，如何才是将用户放在第一位呢？拿什么来衡量呢？最关键的一条标准就是用户体验。只有为用户提供超过其预料的体验，才是真正把用户放在了第一位，才能真正赢得用户的信任和忠诚。关于用户体验，奇虎360创始人周鸿祎曾举过的一个例子来说明："假如华夏银行请我吃饭，我打开一瓶矿泉水，一喝，它确实是矿泉水，这不叫体验。只有把一个东西做到极致，超出预期才叫体验。比如，有人递过一个矿泉水瓶子，我一喝里面全是50度的茅台——这个就超出我的体验。然后，我作为用户就会到处去讲'我到哪儿吃饭，我以为是矿泉水，结果里面全是茅台'，这种远超客户预期的体验才叫做体验，才有其价值。"

完美的体验，就是要超乎用户的想象。只有超乎了用户的想象，用户才会对你印象深刻，并最终与你建立起情感。因为从营销环节来讲，消费者的情感体验就是平台提供的产品或服务的延伸，平台只有让消费者获得更好的情感体验，消费者才会在内心认同平台的产品或服务。

同时，从营销推广的角度来说，用户至上同样是分享经济平台发展的重要战略方针。移动互联网时代的到来，人人都成了自媒体，这就促使信息生产和传播方式发生了根本性的变化，制造和传播信息的，不再是公共媒体或者一小撮人，每个人都是信息的原产地。信息的传播方向也不再是一点对多点的单项传播，而是变成多点对多点的多向传播。

也就是说，在移动互联网时代，在整个信息产生和传播的过程中，人已经取代了信息，成为这张大网的核心。用户一旦认定分享经济平台，他们不仅会多次光顾平台的生意，还会通过微信、微博、facebook、twitter等各种社交媒体分享他们的感动、体验和情感。

所以，只有让用户满意，用户才会将平台的“好”传播出去；同理，如果不能让用户满意，用户就会将平台的“坏”传播出去。平台要想有好的出路，就应该改变过往的战略，将自己做了什么这一战略方向，转变为用户感受到了什么这一战略方向。

至于如何才能做到用户至上呢？这就需要分享经济平台依据自身的情况和用户的情况来具体研究和实施了。比如从产品和服务的质量方面着手，比如从技术的层次方面着手等。但不管如何做，都不要把自己定位为平台方，而应该把自己定位为用户方。

只有把自己当成用户，才能真实地体会到用户想要什么，希望产品得到什么样的标准，希望产品能给自己带来什么样的体验。如果不站在用户的角度思考，一味站在生产者的角度思考，那么就很容易陷入误区，致使平台上的产品或服务难以满足用户的体验，从而触犯了用户至上这条“天条”，为平台的未来埋下失败的伏笔。

总之，在这个讲究体验感和满意度的时代，平台如果只有战略目标已经远远不够，必须要有完美的产品，绝佳的体验，才能吸引住用户，才能统治市场。当平台为用户提供的产品或服务总能超出用户预期，引发用户尖叫时，用户才会觉得自己享受到了上帝的待遇，才会对平台死心塌地，平台的品牌才会响亮、高大起来。

瞄准靶心：活动运营要有明确的目的

传统营销中，企业、商家往往会被很多问题困惑，比如，产品很好，可客户就是不买账；售后服务很周到，可就是无法赢得客户的信任；销售员口干舌燥说了半天，客户却只是淡淡地回了一句“我想想再说吧”或者“我不需要”。

而在分享经济平台的营销中，此类问题同样层出不穷。比如说，平台推出的优惠活动很给力，可用户就是不愿意参加；平台在产品和服务价格上做了很大的让步，可用户依然不为所动；平台在很多渠道都做了广告宣传，可就是不见客户流量增加。

出现这一切问题的根源，就是因为企业不懂营销的本质。其实，无论是对于传统营销还是移动营销来说，都脱离不了营销的本质，就是挖掘客户的真实需求，然后满足他们的需求，这才是签单的根本。成功的营销不是如何去说服客户，而是充分了解客户的需求，根据客户需求来选择和制定营销措施。

在这里，我给大家列举个简单的例子，就当抛砖引玉，希望能给大家带来一定的启发和思考。

一家专注于饮食领域的分享经济平台，为了开拓江南水乡一个以鱼为美食的城镇，付出了极大的财力和物力，但效果甚微。这个城镇的家家户户世代生活在水边，几乎每家都会做美味可口的鱼。所以，平台决定为这些居民提供一份额外的收入，让他们可以在平台上提供以鱼为主料的美食，让平台上的需求方通过下单的方式，来产品供给方的家里享受美味。

但由于前几次活动运营的目的都不太明确，所以推广效果不理想，平台上虽然聚集了不少供给方，但需求方太少，所以并不能给供给方带来什么收益，时间一长，供给方的热情骤降，很多用户都因此退出了平台。

为了挽回颓势，平台负责人亲自制定了一个活动运营方案，这次的活动运营方案和前期不同，不再像前期那样漫无目的地广撒网，而是进行了精准的聚焦，就是在潜在用户可能出现的范围内进行活动推广。也就是说，先圈定有消费意愿的潜在客户群，然后再有针对性对这些潜在客户群进行营销。

比如平台会分析有哪些人喜欢吃鱼，首先是肥胖之人，这个群体的人为了减肥，只好选择没有脂肪的肉类，而鱼肉是他们的首选；其次，爱吃米饭的人，这类群体的人也比较喜欢吃鱼；再次是一些来华旅游的外国人，尤其是来中国旅游的日本人或韩国人。众所周知，这两个国家的人是世界上最喜欢吃鱼的民族，当他们来到中国，尤其是到中国沿海地区旅游，自然也不会忘记品尝一下中国的鱼。

在圈定了大致范围后，该平台就可以把有限的精力用在刀刃上了。平台在肥胖群体比较大的地方（网站）、有外国人出入的地方（网站）、喜欢吃大米的地方（网站）上进行宣传，如此一来，就大大提升了营销的精准度。这些潜在客户看到了该平台的活动信息后，正好来到江南水乡旅游，那么在旅游的同时正好可以通过该平台享受一下本地的特色农家鱼宴。

由于此次活动运营目的明确，所以取得的营销效果非常理想，不仅需求方的流量增长了67%，还带动了供给方的流量增长。更为重要的是，平台在分享美食领域的知名度因此提升了不少。

平台在开展活动运营时，不管是什么性质的活动运营，都要先根据自己的产品或服务来圈定最佳的潜在用户群体，只有圈定好了潜在的用户群体，才能集中有限的精力去开展活动运营。也唯有这样，才能把营销的成果最大化。否则，任凭你付出多大的努力，都犹如大海捞针，白费功夫。

此外，平台在进行活动运营时，还要先确定两个问题，才能使运营目的更加明确。这两个问题分别是：

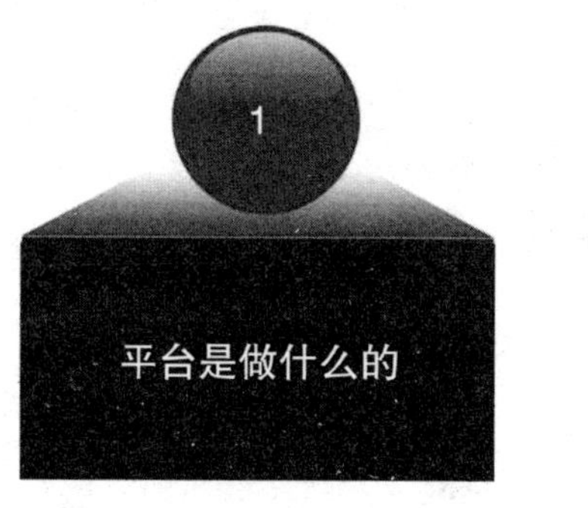

1. 平台是做什么的？

平台在开展活动运营时，为了不偏离航道，或者为了确保更好地聚焦，必须做好平台品牌检测，平台是什么性质？也就是说，平台的定位是什么，平台到底想做什么样的品牌，比如说平台想卖什么产品，不能什么产品都卖。如果平台产品类型变化多端，就无法奠定平台的品牌根基，所以，做好平台品牌检测非常重要，这是做好品牌定位的第一步。只有确定了平台到底想卖什么产品，提供什么服务，品牌定位才能确定。

2. 平台的优势是什么？

不了解平台的优势，即便确定了品牌定位，营销也无法做好。所以，找准平台的优势，才能更好地助力品牌定位。比如说，平台现有的资源并不能让平台把A领域的潜在用户挖掘出来，即便挖掘出来了，平台也不能为其提供满意的产品或服务，这时候就不能去开发A领域。

因为由于平台自身能力的不足，开发出来的用户不仅不会成为平台的财富，还会成为平台的噩梦。当开发出来的用户无法在平台上获得良好的体验时，他们就会把对平台的不满通过各种自媒体渠道传播出去，这不仅会给平台的声誉造成恶劣的影响，还会为平台往后的市场拓展带来难以估计的阻碍。

所以，平台在开展活动运营时，一定要明确自己的优势是什么。只有做到扬长避短，才能更好地获得用户和市场的青睐，为自己打造良好的品牌形象和未来发展红利。

下面这个模板可以很好地帮助平台在开展活动运营时做到目的明确。

针对（目标受众）

预期的平台（参照系）

现在的平台（差异点）

因为（支持理由）

总之，平台的运营一定要瞄准靶心，只有摸准平台潜在的某种独特的持续的竞争优势，并将优势、资质、风格等与市场因素综合起来考虑，才有可能做出准确的活动运营。当活动运营的目的明确，定位精准而超前时，后期的推广才能做到有条不紊，经过一段时间的营销，非常有可能收到一呼百应的大好局面。

寻找“大腿”，在大平台上进行推广

分享经济平台要想获得平稳有序的发展，就必须确保有广泛的用户群体。用户群体越大，平台上的资源就越丰富，能够提供的产品和服务就越多，同时，服务水平和成交业绩也会高。所以，任何分享经济平台从成立的第一天开始，都必须大力推广，只有让更多的人知道这个平台，他们才有可能参与进来。平台的规模，与其知名度成正比。

因为，有战略眼光的分享经济平台，必定会不遗余力地为自己寻找有用的“大腿”，让自己通过抱紧这根大腿，为自己带来大量的流量和市场知名度。那么，分享经济平台应该抱紧哪些“大腿”呢？

分享经济平台可以利用的推广平台

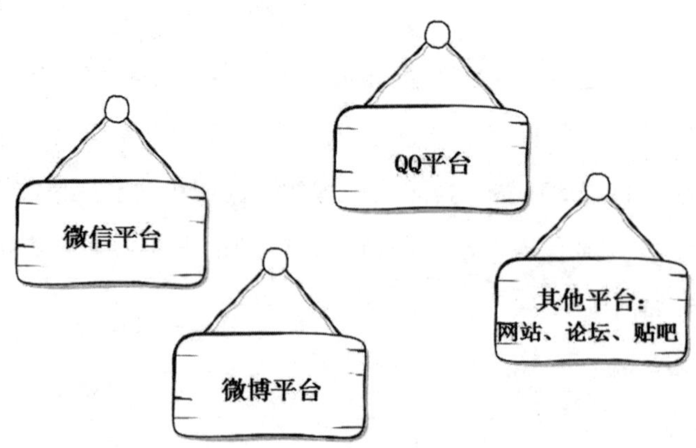

1. 微信平台

我们在大街上随便问一位路人当今中国最火热的社交软件是什么？相信绝大多数的人都会脱口而出“微信”两个字。没错，当今时代，微信在我国社交新媒体领域的地位，是当之无愧的老大。它的涵盖范围之广、用户基数之大，任何社交软件都难以匹敌。微信的强大功能，带动了微信朋友圈、微信公众号、微信群的繁荣和热闹。几乎每一个玩微信的朋友都会不停地刷新朋友圈、关注微信公众号。

根据腾讯在 2015 年 5 月发布的业绩报告，我们可以得知，微信月活跃账户数已经高达 6.5 亿，比去年同期增长 39%。微信软件应用已经覆盖中国 90% 以上的智能手机，97.7% 的用户在 50 岁以下，86.2% 的用户在 18 ~ 36 岁，平均年龄在 26 岁。这一系列数据充分说明了微信是一个非常重要的流量入口。

在这个流量为王的时代，谁拥有巨大流量，谁就可以抢占商机，获得巨额财富。因为流量就是财富。懂得了这个道理，我们就会意识到我们的潜在客户就在微信中。如果分享经济平台一定要利用好微信这个平台，通过它让更多的人知道自己的平台，从而获得更大的流量和知名度。

至于如何通过微信平台推广，这是一个非常庞大的问题，限于篇幅限制，本书就不做过多讲解了。在这里我只是给大家提几个方向。第一个是微信朋友圈推广。也就是平台和微信官方联系，向其支付一定的营销推广费用，然后微信官方在朋友圈内为其做营销推广。这是影响范围最大，短期内推广效果最好的一种。

第二个是微信公众号推广，第三个是微信群推广。还有一种是微信朋友圈营销。不过对于动辄拥有数百万用户的平台来说，个人朋友圈的营销推广就显得很乏力了，毕竟一个微信号只能添加最多5000个好友，除非平台可以同时运营数百个微信号。

2.QQ平台

在中国的社交软件历史上，如果只能选出一种大家都认可的社交软件，那么相信大家都会说出“QQ”这个软件。没错，在中国，没有一款社交聊天软件能够凌驾于QQ之上。QQ这款软件自从诞生以来，在十几年的时间里，俘获了我国所有互联网网民的芳心。根据腾讯在2015年5月发布的业绩报告，我们可以得知，QQ月活跃账户数达到8.6亿，比去年同期上升5%。

也就是说，在当今中国，上到60岁的老人，下到8岁幼童，几乎人人都知道QQ，都拥有自己的QQ账号。无疑，QQ是现在用户量和用户活跃度最高的网络即时通讯工具，没有之一。即便是如今如日中天的微信，它在群体数量和活跃度上依然落后于前者。加之移动互联网时代的突飞猛进，如今QQ手机移动端的用户人数早已超过了电脑PC端，QQ的使用频率可谓日益频繁。

QQ网罗了互联网上的绝大部分网名，就相当于网罗了绝大部分消费者。如果能够通过QQ开展营销推广，无疑是一种绝佳的选择。所以，把QQ作为一条“大腿”，通过它来推广分享经济平台无疑是非常明智的做法。通过QQ平台开展推广，主要有三个渠道，分别是QQ好友、QQ空间、QQ群。

3. 微博平台

在微信兴起之前，微博曾经掀起的热浪狂潮，比今天的微信还要令人震惊。新媒体领域中，微博是当之无愧的社交媒体霸主，它当时的辉煌，一点都不比眼下风头正劲的微信差。即便当下微信已经成为社交媒体领域的新贵，微博依然是众多企业和商家眼中的营销利器。并且，微博的涵盖范围比微信还要广泛，微信只是腾讯一家公司经营，而微博却有腾讯微博、新浪微博、网易微博等多家互联网公司经营。

微博具有极大的开放性，且140字的话题门槛并不高，话题源丰富，任何人都可以毫无压力地开展话题营销。也就是说，140字的内容，只要稍微有点文字功底的人，都可以轻松上手。再者，微信朋友圈是封闭性的，不是好友就看不到其他人朋友圈的内容。而微博的开放性却可以产生极大的传播力，即便相互之间不是好友，也可以阅读微博内容和进行评论、转载。

微博的软文推广其实很简单，只要把需要推广的内容在微博账号上发布就可以了。微博软文内容随意性非常大，可以是短短的一句话甚至几个字，也可以是一张图片或者一条链接。总之，只要能够表达出平台想表达的信息，就可以随性而写。

4. 其他平台

除了上面三种平台外，还有很多平台同时分享经济平台推广的好帮手，比如博客（新浪博客、搜狐博客、网易博客等）、和平台内容非常相似的网站、论坛、贴吧等，都是非常理想的推广平台。比如说，企业的分享经济平台业务范围主要集中于孕婴用品租赁分享这一领域，那么就可以在和孕婴相关的网站、论坛等平台上进行推广。

第七章

分享经济体制下，我们需要解决哪些问题

分享经济的兴起，使人们的工作方式和消费方式都发生了很大的变化，而这种变化最终带来的是巨大的商业效益和社会效益。但是，在它发展的过程中，有很多问题也逐渐凸现出来，阻碍着它的快速发展。这些问题在全球的分享经济模式中存在着普遍性，如果得不到很好的解决，就可能使这个新兴的产业在经济发展的浪潮中“昙花一现”。所以，解决好这些问题是当前促进分享经济发展的前提。

健全监管机制

随着互联网技术的推广、社交网络生态的日益成熟，分享经济的商业模式已广泛涌入从消费到生产的各类产业，从餐饮住宿、交通出行到生活服务、医疗保健，从在线创意设计、营销策划到知识技能、科研实验，分享经济已经渗透到几乎所有的领域，有力地促进了产业创新与企业转型。

正如我们在前面所提到过的国家信息中心发布的《中国分享经济发展报告 2016》数据："截至 2015 年底，我国分享经济规模达到 1.95 万亿元，参与分享经济活动人数已经超过 5 亿人，约占劳动人口总数的 5.5%；预计未来五年，分享经济年均增长速度在 40% 左右，到 2020 年，市场规模占 GDP 比重将达到 10% 以上。未来十年，中国分享经济有望出现 5 ~ 10 家巨无霸平台型企业。"

在全球行业都处于低迷时期，而分享经济则一枝独秀，在最近几年呈现了爆发式的增长，成为经济发展的一个亮点。但是，任何事情都是有两面性的，凡事有利就有弊。尤其是对于新生事物来说，这个利弊两面性则表现得更加明显。分享经济作为一种新生事物，自然也不例外。

虽然作为一种商业供给结构的新兴业态，分享经济颠覆了传统的商业模式，有效地提高了社会总供给，促进生产要素的流动，而且可以带动就业，刺激消费。但同时，其对传统商业的冲击以及自身不规范化所引发的各类问题，也随之成为影响经济发展甚至社会安定的一个重要因素。

Airbnb 由于短期租赁，把原本规划为住宅的区域变成了事实上的酒店区域，使家庭周围的生活领域受到困扰，同时也影响了城市房产租赁市场。因此，Airbnb 经常遭到投诉，2014 年，仅纽约就有 1150 宗。

而 P2P 行业迅猛增长，虽然为分享金融领域注入了新鲜的血液，但从 2013 年到 2015 年，大约 200 多家平台跑路。层出不穷的跑路事件，让人们对其心生畏惧，一度谈 P2P 色变。另外，近几年频频传出的 Uber 司机和滴滴司机涉嫌强奸乘客事件，也使人们对“专车”存在的安全隐患开始担忧。

而分享经济的迅速发展，也暴露出政府监督管理手段的滞后，当前传统的监管手段，包括设置准入许可、执业资质、数量控制、价格管制以及税收管理等，在分享经济面前很难实施。因此，二者发生冲突也就在所难免了。比如 Uber 近年来，就先后在美国、泰国、印度、法国、西班牙等国遭到禁令；Airbnb 也在美国纽约因为对小区居住环境的负面影响等问题受到监管机构的指控；中国上海、沈阳、大连、广州、北京等地的监管部门，也以“专车”缺乏牌照、扰乱市场、存在安全隐患等问题，对滴滴打车发布禁令。

当然，在以互联网为撬动杠杆的分享经济潮流面前，简单的禁令并不能从根本上解决问题，因此，如何在发展的同时，对其进行有效的监管，就成了各国政府面临的问题。

归根结底，在分享经济下，政府的监管面临的困扰主要有以下几个方面：

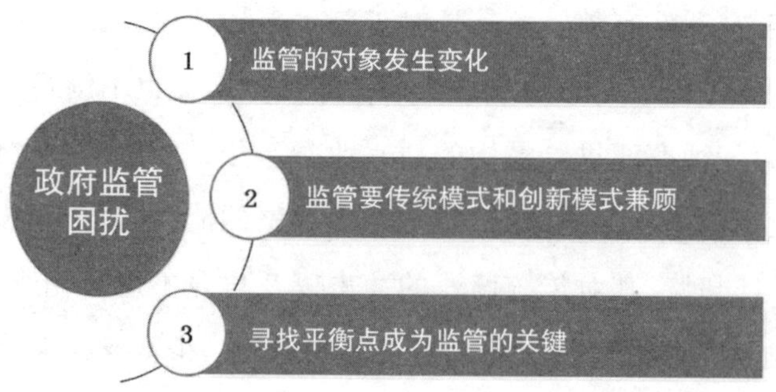

1. 监管的对象发生变化

传统的监管对象主要针对固定的人员和场所，建立在传统的社会资源使用方式的假设之上，比如说在房屋出租和汽车租赁行业，市场上提供长期、持续的经营者只是少数，大部分人都是消费者。而分享经济是一个大众参与的，以互联网为基础的商业模式，产生了密集的资源使用方式。这就使政府的监管对象变得庞大且有一定的虚拟性。

2. 监管要传统模式和创新模式兼顾

分享经济的兴起涌现了大量的非职业化、未受监管的产品和服务供应商，这一方面大量释放了市场潜力，对传统经济形成增量改革，同时也使传统商业模式受到冲击，影响它们的既得利益。因此，政府在监管过程中，既要考虑维护传统企业的利益，又要适应时代发展趋势，兼顾创新模式的发展，鼓励和引导各类共享经济平台深入传统商业领域，实现传统经济的转型升级。

3. 寻找平衡点成为监管的关键

分享经济作为新兴的经济模式，尚处于创新和探索阶段，其发展过程中的不确定性，可能造成政府在监管方式的选择上无所适从。政府监管过严有可能阻碍其发展。美国企业研究所的访问学者布雷特·斯旺森说：“创新是需要培育的，否则创新公司一出来，就可能因被监管和既得利益群体施压而无法生存。”但过于宽松的环境又会引发各种社会矛盾。因此，如何找到平衡点成为政府监管的关键。

到底该如何对分享经济这个新经济引擎进行监管，这对各国政府都是一个考验。我认为，在正确看待分享经济发展过程中的优势和矛盾的情况下，政府应为其营造一个包容的监管环境，在充分发挥企业平台自治的基础上，与时俱进，不断创新监管方式，提升监管力度。

分享经济是未来经济的发展趋势，政府应进行鼓励，不仅要为企业营造一个创新发展的环境，还需要最大限度地保护其发展，以维护市场秩序。另外，在分享经济的背景之下，政府不需要当“全职婆婆”，一管到底，而应当适当将自主权放归企业，给予其宽松的政策空间，发挥大众评价、企业治理、行业自律等多方作用。

当然，合法化是分享经济向规范化、规模化发展的必由之路。在分享经济模式下，现在的一些平台企业在保险、税收等政策及劳动法方面打了法律的“擦边球”，逃避监管。所以，制定更为合理、详细的法律规范，对这些平台企业加强监管，调整分享经济模式下的财税政策，规范交易行为，保护双方的合法权益，也势在必行。

目前，国际社会对分享经济的监管与治理还处于探索阶段，有一些国家为了规范其发展作出一些有益的尝试。

2014 年 2 月，阿姆斯特丹在全世界第一个对 Airbnb 完成立法，开启了监管机构对分享经济企业的监管先河，之后，相继有波特兰、旧金山、芝加哥、华盛顿等地区的监管机构开始授权代收酒店税，对其经营实施监管。

2015 年 10 月，中国交通运输部公布《网络预约出租车经营服务管理暂行办法（征求意见稿）》，明确了专车行业的主管部门、监督检查和市场准入等事项。

总之，分享经济正以不可阻挡之势席卷全球，渗透到传统经济的各个领域，各国政府唯有审时度势，尽快建设合理而又健全的监管制度，选择合理的监管方式，才会推进分享经济的合法化进程，实现分享经济的快速、健康发展。

为信任背书

分享经济其实是一种信用经济，它是建立在信任的基础上形成的一种经济模式。不论是以 Uber 为代表的租车业务，还是以 Airbnb 为代表的租房业务，只有人与人之间建立互信的关系，交易才可能成功，分享的行为也才会产生。对于供给方来说，只有信任平台和客户，才能听从平台的调配，为客户提供自己的闲置资源或者是技能等服务。对于需求方来说，也是因为信任平台和供给方，才能放心接受对方的服务并支付报酬。

2015 年 12 月 17 日，在第二届世界互联网大会上，Airbnb 的创始人兼首席执行官布莱恩·切斯基在发表演讲中表示："过去有个人、公司和政府组织的划分，但现在在 60 秒内，一个人就可以马上变成一个公司，而分享经济的核心就是信任。"

社交网络的基础是信息，分享经济的平台自然也是通过信息传递来完成交易的，所以平台要想得到更好的发展，首先得保证发布信息的真实可信，才能得到用户的信任，并赢得好的口碑，而好的口碑又为平台吸引来更多的用户。现在有很多人利用微信开微店赚钱，其中就有一部分人正是通过发布信息，与用户建立了信任，获得了一份份订单。以经典绘本为例。

经典绘本微信平台是一个垂直细分订阅号，自开通以来，博主以持续不断向用户分享高质量的绘本内容和亲子教育信息，与用户之间逐渐建立起了信任，一年内吸引了超过3万名的目标用户。这3万名用户使平台拥有了巨大的营销市场。于是，博主申请了微店，因为用户对平台的信任，当经典绘本的微店一开通，就受到了广大用户的欢迎——最终为微店带来了丰厚的收益。

在互联网时代，随着电脑和智能手机的普及，人们通过网络被连接起来，在一个虚拟空间里进行交流、分享，甚至购物、理财，在这个过程中，人们逐渐体会到了互联网服务的可靠和安全，也越来越信任那些提供服务的平台。我们可以跳进陌生人的汽车里，或者邀请陌生人来自己家里休息，或者在陌生人的家里吃饭，而这一切在几年前都被视为匪夷所思的事情。由此可见，被互联网激活的分享经济正在逐渐改变人们的生活方式和社交观念。

但是，随着分享经济在全球各地落地开花，催生了更多共享模式的疯长，一时间，市场鱼龙混杂，参与者良莠不齐，比如Uber和滴滴多次发生的司机骚扰乘客事件，都戳中了分享经济的软肋，使仅靠道德和法律约束的互联网“信任”遭受危机，也成了分享经济进一步发展的瓶颈。

为了避免风险事故的发生，很多分享平台都构建了信任机制。比如要求产品和服务提供者上传资料，并进行审核；有的在平台上设立了专线投诉方式和评价渠道等等。这样的做法虽然有助于客户对平台产生信任感，但并不完备。在这样的形式下，建立完善的社会征信系统就成了当务之急。

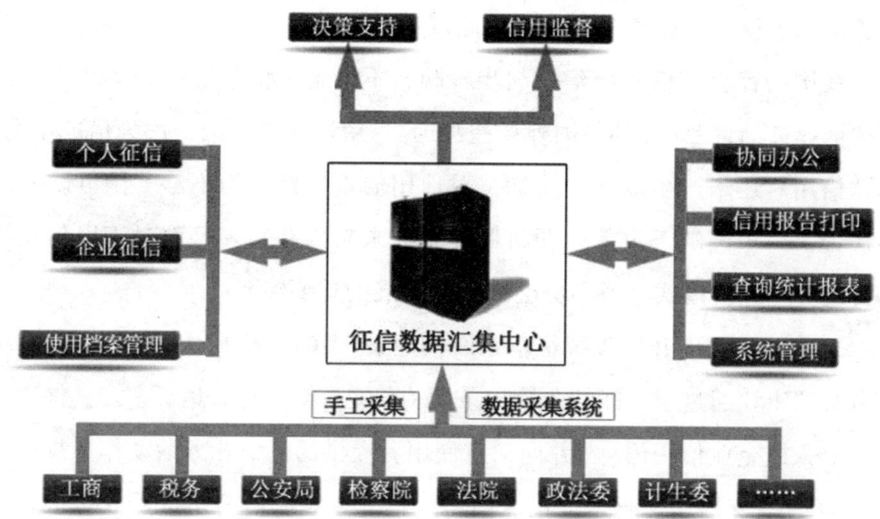

社会征信系统是以法律、法规体系为基础，以建立和完善信用信息共享机制为核心，以信用服务市场的培育和形成为动力，以信用服务行业主体竞争力的不断提高为支撑，以政府强有力的监管体系作保障的国家社会治理机制。通过建立社会征信系统，对供需方的信用度进行监督，构建起一个适合信用交易发展的市场环境，从而增强人们之间的信任，为分享经济的发展打下一个坚实的基础。

分享经济离不开完善的征信系统，它可以将分享经济中的不安全因素最大限度地排除在外。美国早在 20 世纪 20 年代就开始关注社会信用体系的建设。从 20 世纪 60 年代到 80 年代末，其共出台了 17 部关于信用体系建设的法律。经过多年的发展，美国社会对于“信用”已经形成了成熟的认知。比如“个人信用”，就已经形成了“5C1S”的标准体系，包括：品德（Character）、能力（Capability）、资本（Capital）、条件（Condition）、担保品（Collateral）、稳定性（Stability）。在此基础上形成的良好的信用机制保障和氛围，为 Airbnb 和 Uber 等分享经济的发展提供了保障。因此，在美国几乎没有出现过 P2P 金融跑路现象。

我国的社会征信系统建设起步较晚，不论是征信系统的完善程度，还是征信业务的普及度，都与国外相差甚远。这就造成了中国公民失信成本低，对“信用”还未产生成熟的认知，对信用的重要性认识不够。国务院专家吴庆说：“中国缺乏失信惩罚机制，企业未来出路窄。”而对于以信任为基础的分享经济模式来说，更会成为其发展的首要障碍。

现在，我国已开始重视征信系统的建设，2012 年 12 月 26 日，国务院常务会议审议通过了《征信业管理条例（草案）》，对采集、整理、保存、加工个人或企业信用信息，并向信息使用者提供的征信业务活动作了规范。2015 年，芝麻信用、腾讯征信、前海征信等 8 家征信公司按照人民银行印发了《关于做好个人征信业务准备工作的通知》，通过与电商平台、社交应用、租车应用、租房应用、金融贷款应用等场景化数据对接，将个人征信体系通过大数据进行整合。这标志着中国的征信行业取得了重大进步。

同时，蚂蚁短租、小猪短租等共享平台也开始与征信公司合作，由征信公司提供交易对象的信用数据，从而降低不良交易，规避风险。同时，在共享经济平台上产生的不良用户，也由平台反馈给征信公司，可以对当事人的信用评级作出调整。信用良好的用户在共享平台可以获得一定的优惠，而信用评级低或因失信被降低的人却需付出昂贵的成本。

分享经济的基础是信任，而健全的信用体系则是分享经济快速发展的基石，建立一个植根于社会信用体系基础上的信用机制、交易规则以及保障机制，是促成平台交易成功的前提条件。

目前，中国经济步入全球化，而分享经济的潮流也正涌向世界各地，我们只有尽快完善征信系统以其作为支撑点，开启分享经济的新时代。

建立完善的体制

继在2016年的政府工作报告中，李克强总理明确提出“支持分享经济发展，提高资源利用效率”后，2016年4月6日，国务院总理李克强在国务院常务会议上，再一次提出“要促进线上、线下融合发展，加快分享经济成长”。而快速崛起的滴滴打车、途家等平台，也彰显出分享经济巨大的生命力和产业价值。以滴滴打车为例。

滴滴打车平台的现有用户为2.5亿人，每天活跃的乘客达到4000万~5000万人，每天有1000多万条的成功订单。每天在平台服务的司机有1000万人左右。

由此可见，在国家政策的支持下，作为新经济模式的核心，分享经济正迎着“互联网+”的风口快速腾飞。

而伴随分享经济快速发展的，却是管理体制的相对落后。现在，基本上仍是采用传统的机制来对其进行管理，因此，创新的运营模式与旧体制之间经常会发生一些摩擦。比如说Uber、滴滴打车等平台多次被上海、北京等地涉嫌违法组织客运谋划、逃漏税等原因被交通主管部门约谈。而2016年5月22日，太原市在开展出租汽车营运秩序整治行动中，将滴滴专车、快车列入“黑车”名单，进行封杀。

不可否认，分享经济在拉动经济增长、整合闲置资源，提升资源的利用效率等方面，作出了很大的贡献，但由于管理体制的落后、监管手段的缺失，一些安全问题和法律漏洞也逐渐凸现出来。但我们不能以此为借口，就对分享经济的商业创新进行全面否定，而是应该像国家行政学院国家战略研究中心秘书长何哲所说的那样："打破原有传统的管理思维和模式，突破自身的管理格局和固有利益，提高公共服务水平，构建起广泛参与的新型治理模式，充分利用行业协会、企业、社会等各种渠道实现对分享经济秩序的治理。"

同时，分享经济是一种碎片化资源的利用，参与人数多，参与面广，如果按照传统的体制进行管理，削足适履，比如说让专车司机按照交通部的管理办法，按照全职司机的要求进行事前审批，并签订劳动合同，就会失去分享经济的意义和优势。因此，完善有利于分享经济模式成长的管理体制很有必要。

在2015年11月中央网信办召开的座谈会上，国家发改委高技术司副巡视员沈竹林认为，要用包容的心态来看待新经济的发展。新的产业的发展，为政府管理带来很多新的问题，很多监管，政府跟不上。除了有些底线的地方，其他更多的环节，不妨更多地交给企业的组织、社会的组织，比如通过行业协会协助、设立标准和提倡诚信等。而作为分享经济的受益者，滴滴打车的副总裁王欣也在座谈会上呼吁建立一个全新的管理体制，从创新、鼓励的角度来对分享经济进行监管。

现在，对于分享经济的管理，尽管各国政府都还处于一个摸索的阶段，都还没有一个切实可行的体制可以借鉴。但总体来说，要想使分享经济良好地发展，政府需要做好以下几方面的工作。

政府部门需要做好的工作

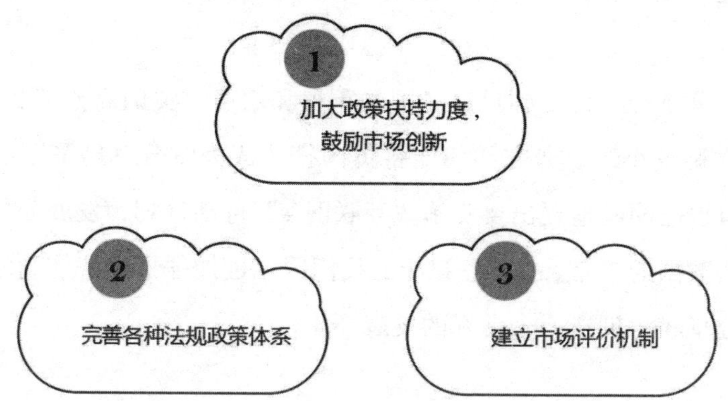

1. 加大政策扶持力度，鼓励市场创新

毋庸置疑，一个国家的经济政策对于国家的经济发展至关重要。面对分享经济这个新兴的经济业态，政府应从全局发展的高度及时分析其发展过程中涌现的特点，有针对性地调整相关政策，加大扶持力度，构建和完善一个“大众创业、万众创业”的体制，营造一个持续发展的环境。

2. 完善各种法规政策体系

针对保险法、劳动法以及财税政策在分享经济方面内容缺失的问题，应尽快制定适用分享经济的法规和财税政策体系。以便将分享经济中的交易纳入规范管理，同时也可以保护交易双方和政府的合法性。

3. 建立市场评价机制

由于分享经济的交易多在平台进行，因此，网上交易的评价体系建设至关重要。建立一个公开透明的市场评价体系，将互联网供需评价机制引入政策制定中，并培育专业的信用公司，构建信用评价系统，建立市场评价机制。通过跟踪供需双方交易效果评价的数据记录，对分享平台及客户提供评级服务。

目前，分享经济已受到世界各国的重视和欢迎。英国商务部2014年宣布启动独立调查小组，研究如何能将英国打造成为“分享经济”的中心。而我国政府也已明确地提出要实施“互联网+”行动计划，发展分享经济，实施国家大数据的战略。在此基础上，我们国家也加强了经济体制的改革，正努力为分享经济创造一个良好的发展环境。

2015年9月29日，国务院印发了《关于加快构建大众创业万众创新支撑平台的指导意见》。《指导意见》就大众创业万众创新类的分享经济模式，从营造宽松发展空间、夯实健康发展基础、塑造自律发展机制和构建持续发展环境4个方面提出了17项政策措施。包括：

一、推进放管结合。完善市场准入制度、建立健全管理制度、创新行业监管方式、优化提升公共服务、促进开放合作发展。

二、完善市场环境。加快信用体系建设、深化信用信息应用、完善知识产权环境。

三、强化内部治理。提升平台治理能力、加强行业自律规范、保障网络信息安全。

四、优化政策扶持。落实财政支持政策、实行适用的税收政策、创新金融服务模式、深化科技体制改革、繁荣创业创新文化、鼓励地方探索先行。

2015年11月23日，国务院印发了《关于积极发挥新消费引领作用加快培育形成新供给新动力的指导意见》，提出调整完善有利于分享经济模式成长的配套制度，为新兴业态发展创造宽松环境。这些都充分说明了支持分享经济发展的顶层设计和政策正在逐步完善。可以想象到的是，随着管理体制的逐步完善，分享经济必将迎来更加美好的未来，为这个时代创造更多的财富和利益。

实现持续不断的分享

目前，分享经济以不可阻挡之势席卷全球，使几十亿人从中受益，得到了各方的认可和支持，开启了一个新的经济时代。众所周知，分享经济的诞生与全球经济不景气有着直接的关系。比如分享经济的两大巨头 Uber 和 Airbnb 都诞生于 2008 年美国金融危机之后。

那么，人们会产生一个疑问，当经济好转之后，分享经济会不会随之衰退呢？对此，很多人持乐观态度，他们认为分享经济有着节省资源、降低成本等优势，随着人们消费价值观念的改变，越来越多的人已经不再把“占有”当成一个价值指标，而是把商品和服务的使用权看得更重，而这正是分享经济的基础。

但是，我们也应该看到，在分享经济的快速增长中，它也面临着很多问题。除了我们前面所说的监管的滞后、体制的不完善，以及信任危机外，实现持续不断的分享，也是一个决定这股经济浪潮是否能够走得更长远的重要因素。

支撑分享经济发展的理念在于“随时使用，而非拥有”。也就是说，持续分享，多方受益，是分享经济赖以生存和发展的根本。

那么，我们又该如何实现持续不断的分享呢？

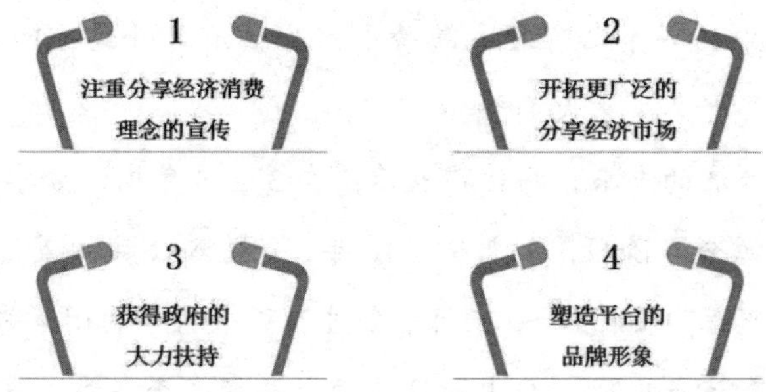

1. 注重分享经济消费理念的宣传

分享经济通过资源利用效率，在能源短缺的瓶颈下，确保了经济的可持续增长。它改变了人们的产权观念，打破了传统规则。虽然目前有很多人已经从中受益，但是也有一些人对它依然持怀疑态度，甚至拒绝接受。而转变人们的消费理念，就需要加大宣传力度，培育分享的理念和文化，让更多的人参与进来，实现人人参与、人人分享的目标。在观念层面让人们意识到社会闲置资源分享的重要性是分享经济发展的基础。

宣传的方式有很多，最基本的就是借助网络平台。教会人们分享，宣传分享的传统价值观念和美德，使得分享成为社会交往中不可逃避的重要因素。

2. 开拓更广泛的分享经济市场

分享经济的市场很大，据 Crowd Companies 的统计，2014 年和 2015 年两年的投资额分别为 85 亿美元和 142.06 亿美元（合计 227 亿美元）。从行业覆盖来看，分享经济也已经渗透到了人们衣食住行的诸多领域，正改变着人们的工作和消费方式。但是，目前的分享经济参与者大多是个人或者极少的企业，公共的闲置资源还未参与进来。

腾讯的CEO马化腾在以他领衔的《分享经济：供给侧改革的新经济方案》一书里，对分享经济作了分析，他认为，分享经济不是一阵风，而是经济发展周期中的一个新阶段。随着中产阶级消费升级，闲置物品增多是趋势，分享经济也是未来大趋势。

对于分享经济的未来，马化腾表示：在3～5年内，分享经济会全面进入企业闲置资源分享阶段；未来5～10年，会进入公共闲置资源分享阶段，目前已在局部萌芽；未来10～20年，会进入整个城市的闲置资源分享阶段，目前海外已经有试点出现。而中国目前的分享经济正在步入发展黄金期。

其实，就分享经济市场来说，中国是很有潜力的。中国拥有全球最庞大的移动网民，这些规模数以亿计的手机网民规模就是潜在的用户群。当然，最重要的是，中国的网民有分享的意愿。据尼尔森2013年在全球开展的对参与分享的意愿调查，94%的中国受访者表示愿意分享。

3. 获得政府的大力扶持

可以说，截至目前，分享经济已经得到了世界各国政府的支持。美国分享经济充分发展与美国政府的支持是分不开的，而英国政府则决心把英国打造成分享经济的全球中心，从政策层面给予了大力的鼓励和支持。我国政府也明确表示要大力发展分享经济。

但是，最重要的是，政府应从实际出发，出台一些有利于分享经济发展的政策，比如支持投资设立分享经济创新实验室孵化器和研发中心，加强部门信息资源的分享和开放，支持分享经济平台进入政府采购体系等，以促进分享经济的健康发展，将其变成经济增长的主引擎，实现中国经济的动力转换。

4. 塑造平台的品牌形象

虽然当下分享经济呈现出全面开花的趋势，快速渗透到各个行业，为人们的生活带来了便利，但不可否认，现在的分享经济平台良莠不齐，甚至有些打着分享经济的幌子，大肆地行骗，另外还有一些经济平台在发展过程中，逐渐地改变了方向，丢弃了分享的理念。这一切都会破坏分享经济在人们心中的形象。

在市场竞争日益激烈的环境下，企业的品牌形象是提升产品市场竞争力的关键，分享经济也不例外。消费者在选择平台时，首先考虑的是平台的品牌，以及品牌背后所代表的内涵、文化、平台实力等等。

在分享经济“人人为我，我为人人”观念的倡导下，相信在未来，会有更多的人通过互联网，持续不断地把自己的闲置资源、知识和技术等转换成实际收益，在增加收入的同时，也实现了自身价值，更为社会创造了财富。

第八章

分享经济领域最佳的九大商业模式

随着分享经济的发展越来越成熟，它对社会各个领域的影响也越来越明显，众多领域的企业也凭借着分享经济这场东风，顺利地达到了企业的巅峰状态。本章我们就来看一看分享经济为我们展现出的几种商业模式，以及它在整个社会发展过程中起到的推动作用。

分享交通出行模式

关于分享交通出行的模式，由于我们在前面关于Uber的内容中已经有了具体的介绍和讲解，所以在这里就不再赘述了。

案例解读：滴滴打车，让出行更顺畅

随着分享经济在中国的发展，中国的分享交通出行模式也逐渐形成，并在几年内得到了快速发展，最具代表性的就是滴滴打车。

滴滴打车和Uber类似，改变了传统打车方式，建立培养出大移动互联网时代下引领的用户现代化出行方式。公司成立于2012年，初衷是为了解决司机与乘客之间的信息不对称问题，改变传统出租司机等客方式，让司机师傅根据乘客目的地按意愿“接单”，降低出租车空驶率，最大化节省司乘双方的资源与时间。

在短短的三年时间里，滴滴打车呈现了爆发式的增长，快速成长为互联网行业的翘楚，并带动各行业在经济模式中的创业热潮。现在，滴滴打车已从单纯的出租车打车软件，成为一个涵盖专车、快车、顺风车、大巴、代驾等业务的庞大出行平台。

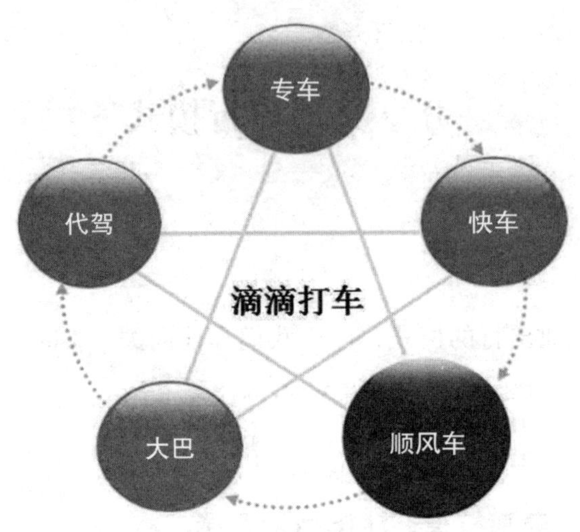

而在2015年6月1日推出的滴滴顺风车就定位于城市的“分享出行”。其利用大数据算法和先进的匹配技术，一对一连接每一位愿意结伴同行的车主和乘客。

举一个简单的例子解释一下分享经济的分享交通出行模式。

老张平时开私家车上下班，一个月下来，需要油费、停车费等费用，而车里的空间也被浪费了。假如老张下载一个打车软件，成为滴滴出行“司机师傅”，那么就可以在上下班时，通过平台查找到需要乘车的同路人，把汽车的空位子分享出来，既可以为别人的出行提供方便，同时自己也有了一笔收益。

所以说，滴滴出行就是通过分享、拼车的模式，利用移动互联网和大数据技术，以分享经济的理念，充分利用中国城市闲置的私家车资源，在不占用更多道路资源和不增加车辆资源的前提下，增加了承载乘客，解决了城市出行的潮汐问题，缓解了城市的交通压力，让人们的出行更加便捷、畅通。正如滴滴出行的董事长兼 CEO 程维在达沃斯论坛上所说："滴滴出行就是希望在不增加额外供应条件下，将现有交通资源发挥到极致。"

近几年，由于城市经济的快速发展和机动车保有量的迅速增加，交通拥堵现象已成为我国各大城市的通病，尤其是北京、上海、广州等一线城市，到了出行高峰期，街上车满为患，一堵就是数小时。分享经济使人们的出行方式、生活方式以及思维方式都发生了巨大的变化。分享交通出行模式也被越来越多的人认可，"随时使用，何必拥有"的价值观被越来越多的人接受。2012 年刚诞生，滴滴打车就成为最受欢迎的城市出行应用，现在许多人出行时，都自愿放弃开车，而是每天选择"滴滴一下，美好出行"。

有数据显示，如果使用滴滴出的快车拼车方式出行，一辆车在同一段路程中可以同时满足 2~3 组不同乘客的出行需求，一辆被分享的车辆，每天能减少 20~40 辆汽车上路。

据滴滴出行 2016 年 1 月 20 日发布的《中国智能出行 2015 年大数据报告》称：滴滴出行去年共完成 14.3 亿订单，相当于每个中国人"滴"过一次车，累计行驶时间 4.9 亿小时，相当于昼夜不歇行驶 56000 年；累计行驶里程 128 亿公里，相当于环绕中国 29 万圈。

滴滴平台数据显示，仅滴滴出行的快车拼车和顺风车两个产品，每日就能为城市减少 114 万辆车出行，增加 114 万辆次的运输能力。减少的这 114 万辆车的出行，相当于北京每天减少 2.1% 的车出行，或者广州每天减少 1.6% 的车出行。一年下来，能节省 5.1 亿升汽油燃烧，减少 1355 万吨碳排放，相当于多种 11.3 亿棵树和生态补偿量。

滴滴打车平台现有用户 2.5 亿人，每天在平台上提供服务的司机有 1000 万人左右，每天活跃乘客达到 4000 万 ~5000 万人，其发展速度之快，发展势头之猛，创造了移动互联网企业的神奇纪录。

滴滴打车的快速崛起，显示出分享经济巨大的生命力和产业价值，受到了国家和政府的支持。2015 年 10 月 8 日，在由中国互联网协会、滴滴公司主办的《分享经济下的约租车（专车）模式上海创新和探索》上，上海市交通委正式宣布向滴滴专车平台颁发网络约租车平台经营资格许可。这也是国内第一张专车平台的资质许可。

2016 年 2 月 25 日，在国务院新闻办公室举行的工业稳增长调结构新闻发布会上，工信部部长苗圩在答记者问时明确表示，对于以滴滴打车为代表的互联网时代新产物，工信部总体上持积极支持态度。

同样，滴滴的发展也受到众多商业巨擘的青睐。2015 年，滴滴完成的 30 亿美元的融资中，中国平安、阿里巴巴、腾讯、中投公司等一些国内知名机构都参与其中。2016 年 1 月，招商银行与滴滴公司共同宣布达成战略合作，双方将在资本、支付结算、金融、服务和市场营销等方面展开全方位合作。

此外，随着国家不断推出越来越多的支持分享经济的政策，以及众多商家也开始意识到滴滴打车的分享模式会创造更多的商业机会，所以纷纷和滴滴打车合作，这种种积极因素，都极大地提升了滴滴打车的发展势头，使其发展更为迅猛。

2016 年 4 月 8 日，滴滴打车在上海、太原、珠海、合肥等 12 个城市的"快车拼车"业务正式上线，也就是说，这些城市的乘客出行时，均可通过滴滴出行 App 使用"快车拼车"。

截至目前，全国共有 27 个城市的乘客可通过使用滴滴的"快车拼车"出行，体验分享交通出行。这也是全国专（快）车领域覆盖城市范围最广的分享出行产品。

据统计，到 4 月份，滴滴专车（含快车）已经在全国 400 多个城市开展了业务，基本实现了全国范围内的专车"城城通"。CNNIC(中国互联网络信息中心)数据显示，滴滴专车占据了国内专车行业 87.2% 的市场份额。滴滴平台日完成订单超过一千万，已经成为中国乃至全球最大的移动出行平台。

当前，我国的经济发展正处于一个关键时刻，分享经济正在向各个领域加速渗透。以滴滴打车为代表的分享交通出行模式顺应了时代要求，必将成为交通行业发展的必然趋势和主流的商业模式。而 2016 年 5 月 13 日，苹果宣布为滴滴投资 10 亿美元，这是滴滴迄今为止获得的单笔最大投资。这起事件，也再次证明了滴滴打车在分享交通出行领域的王者地位和无限的发展前景。

分享空间模式

在前面的篇章中，我们曾给大家讲过流行于美国分享经济的 Airbnb 房屋资源分享模式。这种模式其实就是一种分享空间模式。

案例解读：早知有途家，何必住酒店

当以 Airbnb 为代表的短租分享经济开始风靡全球时，我国国内的短租分享公司也如雨后春笋般地蓬勃兴起，先后成立了途家网、小猪短租、蚂蚁短租、木鸟短租、住百家、游天下等多家公司。在这些公司中，最引人瞩目的是途家网。

途家网属于典型的“分享经济”模式：在旅游资源比较丰富的地区，业主可以把自己闲置的房屋通过途家网租出去，获得一笔不菲的房租收入。而另一方面又为旅行者提供优质的旅行度假新体验，让他们在旅途中享受到家的舒适。

近年来，随着生活水平的不断提高，人们开始重视对生活品质的追求，以休闲、放松、娱乐为主的旅游度假逐渐成为生活的主流。据相关数据显示，仅 2015 年，中国国内旅游人数就突破了 40 亿人次，住宿预订市场总交易额约为 3137.2 亿元人民币。但是，旅游业的火爆，也逐渐暴露出了各地旅游基础设施的不完善，比如住宿、交通等。这些甚至成为了一些地方阻碍旅游业发展的瓶颈。以福建省屏南县白水洋为例。

位于屏南县双溪镇的白水洋鸳鸯溪景区在2010年被联合国教科文组织列入世界地质公园网络名录，2012年被评为国家5A级旅游景区。该景区环境优美，风景独特，吸引了大量的游客。但是，双溪镇整个乡镇各类宾馆的床位总数不足500张。远远不能满足游客住宿需求。正如屏南县双溪镇镇长张积峰所说："虽然近年来白水洋旅游的游客逐年增加，但由于宾馆、酒店、餐饮等配套的不足，不少游客在白水洋游玩后，选择乘车到蕉城、福安等地住宿。"

而另一方面，由于房地产的产能过剩，很多房产被空置，形成了大量的闲置资源。仅海南一省，每年就有闲置房产40万余套。途家网等短租分享公司所做的，就是用分享经济的模式，让这些地方的业主把房子交给它们管理和出租，既盘活了闲置不动产，又解决了景区的住宿问题。

与Airbnb以及其他短租分享公司只做平台，收取交易佣金的方式不同，途家网是一家致力于为游客提供高品质度假公寓的预订平台，同时，它也是中国首个按照国际分散式酒店管理和服务标准运营的企业。

度假公寓其实就是在旅游地，为游客提供酒店式管理和服务的可租赁的公寓，它是集酒店、家庭为一体的住宿环境。公寓不但为客户提供住宿条件，同时还提供了五星级入户式的私人管家服务。说得直接点，就是客户能以低于同级别酒店的价格入住到独栋别墅或者海景豪宅。

途家网独特的经营模式，给人们带来一种全新的消费理念，对客户来说，他们在旅行中既感受到了家的温暖和舒适，又享受到了酒店般热情周到的服务，满足了游客对住宿个性化和品质化的要求；对于业主来说，则既可保障自己的闲置房常住常新，又可节省精力进行管理，还可以有很好的收益，真可谓一举多得。

对于途家网的商业模式，市场给予了认可，也得到众商家资金的追捧，曾于2014年创下了上线400多天，就融资4亿元人民币的资本神话，也让更多的人知道了途家网。

与此同时，以途家网为引领者的分享空间模式对推动旅游业的发展带来的积极效益，也引起了一些地方政府注意。他们主动找到途家网，拿出当地的旅游资源与其进行战略合作，以促进当地旅游业的发展。

2014年3月，福建省旅游局与途家网进行战略合作，合作品牌为“清新游福建，舒心在途家”。

2014年6月，张家界市与途家网进行战略合作，合作品牌为“山水仙界，湘聚途家”。

2015年9月，上饶市人民政府与途家网进行战略合作，合作品牌为“经曲山水在上饶，温馨同行住途家”。

2015年12月，江山市人民政府与途家网进行战略合作“锦绣江山，悦享途家”……

到目前为止，已经有37个地方政府跟途家网签约。北至漠河，南到三亚，西至香格里拉，东到烟台，途家网的公寓几乎遍布中国各地。

作为中国分享经济的领军企业，途家网自然不会在分享经济这条道路上浅尝辄止。它积极创新求变，不断地拓展着新的市场。

针对近年来中国出境游火热的现象，2016年3月7日，途家网与国外短租预订平台如美家（Roomorama）达成战略合作，双方将携手拓展出境游市场，致力于为华人游客提供优质的出境游住宿选择。

对于两家的合作，如美家首席执行官Federico Folcia表示，中国出境游市场呈现爆发式增长，游客变得更加自主和理性，相对于传统酒店个性化的住宿体验方式越来越获得游客们的喜爱，希望其与途家的合作能够协同互助。

2016年1月10日，途家网与远大住宅工业集团签署战略合作协议，在充分整合分享乡村闲置的宅基地、古宅等土地资源基础上，利用丰富的人力资源，开发乡村旅游产品。这意味着，乡村旅游也将融入分享经济的大潮中。

如今，途家网已经覆盖国内298个目的地和海外1029个目的地，在线房源超过43万套，所含房源包含有公寓、别墅、民宅等具有家庭氛围的住宿产品，可满足家庭出游、私人聚会、商务差旅、休闲度假等各类出行住宿需求。

有国家政策的大力支持，有民众的切实需要，我们相信，途家网将会乘着分享经济这股东风扬帆起航，走得更远，更好。

分享金融模式

金融是经济发展的基础和核心，所以分享经济的发展潮流必然会渗透到金融领域，从而使传统的金融模式逐步向分享金融模式发展。分享金融就是通过互联网这个平台，寻找资金的供方和需方，并最终撮合他们。其目的是最大程度发挥资金的使用价值，属于资金资源的分享。

央行金融研究所所长姚余栋曾这样解释“分享金融”的内涵：“所谓分享金融，就是通过大数据支持下的技术手段、金融产品及服务创新，构建以资源分享、要素分享、利益分享为特征的金融模式，以实现金融资源更加有效、公平的配置，从而在促使现代金融均衡发展、彰显消费者主权的同时，更好地服务于分享经济模式壮大与经济社会可持续发展。”

案例解读：人人聚财，让钱可以生钱

因为分享金融和分享经济有着极为密切的关系，所以当分享经济开始在我国蓬勃兴起之时，分享金融也应运而生，并很快形成了燎原之势。尤其是以 P2P 为代表的分享金融，它在分享经济领域的表现更为抢眼。

中国的 P2P 金融起步较晚，却发展迅速。据统计，截至 2015 年底，国内的 P2P 网络借贷平台数目达到 4900 多家。而在这些平台中，人人聚财凭借自己强大的实力和专业的运作水平，在极短的时间内就跻身于我国最知名的分享金融平台行列。

人人聚财是一个专业的P2P理财平台，于2011年正式上线运营，是国内成立最早的互联网金融平台之一。它致力于为小微企业和个人提供低成本融资服务的同时，也为公众提供低风险、高回报、多样化的理财产品。

随着我国国民经济的迅速发展，人们的经济收入大幅度地提高，与此同时，人们的理财意识也不断地增强。由于银行利息近年不断下调，股票市场跌宕起伏，因此，人们希望能有一个更好的理财渠道，以使自己的闲散资金发挥最大的价值。而以人人聚财为代表的P2P理财平台的出现，正好迎合了人们的需求。由于其具有理财收益高、投资门槛低、周期灵活、产品透明等诸多特点，因此，它从诞生那天起，就受到了投资者，尤其是年轻投资者的青睐，逐渐成为理财行业的新贵。

据《中国居民金融能力报行》数据显示：互联网金融的兴起，使更多的人开始关注以P2P网贷为代表的互联网金融理财渠道。在调查中，有83.81%的受访者表示愿意减少银行存款，而将资金转入投资理财。

给大家举一个简单的例子来说明人人聚财P2P的运营模式：

李老板开了一家商店，经营某种时令商品。到了销售旺季，需要备货，急需几万元进货资金，但是以前的货款没有回笼，银行贷款手续不仅烦琐，而且办理周期长。而这时，张某手头恰好有几万元的闲置存款，存银行觉得利息太低，投资股市又觉得风险太大。

而人人聚财网所做的事情，就是把李老板和张某的需求放在网络平台上，并撮合他们。

所以说，人人聚财网其实类似于滴滴打车和途家网，也是一个提供分享经济的平台，不同的是，这个平台分享的是闲散的资金资源，也就是金融分享。

作为中国P2P行业的探路者，人人聚财网的创始人兼CEO许建文认为：互联网和分享经济的属性，不仅颠覆着出租、推拿、餐饮这样的行业，去中心化对过去壁垒很高的金融行业也同样适用。

许建文说：互联网金融是“使用权大于所有权”的典型案例——当我们的钱没有花出去的时候，它们并没有产生更多的价值，当所有者把钱的使用权转让给别人之后，别人能够用你的钱做很多的事，以此实现创造的价值，这本身就是一种分享的思维。未来是“不分享无财富”的时代。

与很多热衷于快速做大、盲目扩张的平台不同，人人聚财自成立以来，一直秉承“专注小微”的理念，致力于为个人及小微企业提供专业的金融信息服务，帮助小微企业解决传统的融资难、融资贵的困难，同时借助互联网的优势，帮助投资者寻找一个安全的理财渠道，将民间金融带入阳光化的时代。

作为互联网金融的引领者，人人聚财开创了 P2P 3.0 模式，确立了自己在火爆的互联网金融市场的竞争优势。

2014 年 3 月 28 日，在中国互联网金融大会上，人人聚财网 CEO 发表主题报告，首次提出 P2P 3.0 模式。许建文认为：一直沿袭美国纯线上的 P2P，为 1.0 模式；采用线上线下相结合的 P2P，为 2.0 模式。

3.0 模式，即是在 2.0 的基础上，“通过和一些小贷公司合作，由他们提供一些借款需求，将审核借款以及相关风险转移给更专业的担保公司、小贷公司等机构身上，再由人人聚财平台为借款人撮合交易”。

“通过这种社会化分工，防止平台上的风险积聚，同时也避免了由于平台规模扩张，会受到人力资源成本消耗的拖累。”许建文说道。

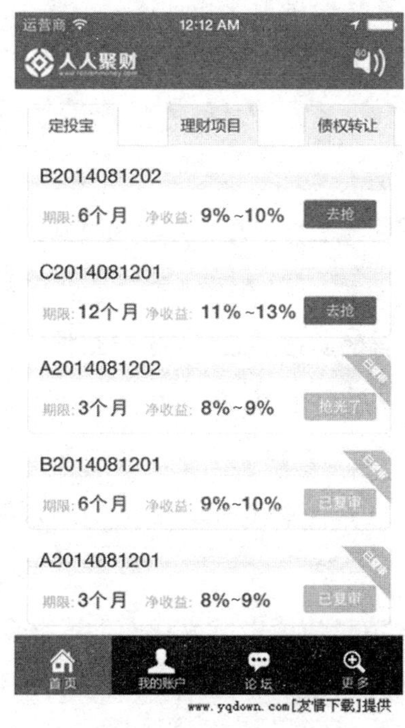

正因为拥有自己的发展理念和独特的模式，人人聚财才能在浮躁的行业中稳扎稳打，并依托产品创新、人才团队、风险控制等优势，在短短几年内实现了业绩的迅猛增长，逐渐成长为P2P行业的领军企业。

与此同时，它所取得的成绩和表现出来的企业担当，也得到了市场和社会的认可。

2013—2014年，人人聚财连续两年被社科院金融研究所给予国家A级平台认证。

2015年12月29日，在"2015年度中国最佳商业模式高峰论坛暨21世纪中国最佳商业模式评选"活动中，人人聚财被授予最佳P2P模式创新奖。

2016年，人人聚财入围胡润新金融50强；2016年1月8日，在"中国互联网金融企业家"年度盛会上，荣获"移动互联网最具成长价值奖"。而许建文也被评为"互联网金融行业年度风云人物"。2016年1月27日，许建文应邀出席全球最高规格的互联网金融峰会——中美创新与信用峰会，在峰会上，人人聚财获得"反欺诈与风控最佳实践"平台证书。

当然，由于市场的良莠不齐，行业标准和监管的缺失，自2015年以来，出现了大批的P2P平台跑路、倒闭等现象，给投资人造成了损失的同时，也引起了人们对P2P平台的质疑。而人人聚财却依靠公开透明的信息服务、健全完善的风控体系以及独特的P2P 3.0模式，吸引众多用户。

截至2016年2月，人人聚财P2P平台注册用户接近530万，累计成交额约106.6亿元，累计为客户赚钱约4.07亿元，坏账率仅为1.78%，没有出现一笔拖欠投资人的行为。

正如许建文在一次节目访谈中所说：人人聚财今天的规模，并不是自己一双腿跑出来的，而是借助了很多双"腿"的力量。有时候"腿"越多越不会跑路，“腿”越多根扎得越深。有了这么多双的“腿”，人人聚财才能将自己服务小微金融的足迹遍布全国。

在中国经济高速发展的今天，传统的金融模式已无法满足日益壮大的新生市场的需求。分享金融作为一个创新性的金融服务模式，一方面弥补了传统金融模式的不足，另一方面分享海量的分散化闲置资金资源，促进收入增长，提高了供需资源的优化配置，逐渐成为金融行业的主流业态，在这样的形式下，以人人聚财网为代表的分享金融必然还会有很大的发展空间。

分享美食模式

自从分享经济在出行领域渗透以后，就开始向各行业蔓延，先后颠覆了住宿、金融等传统行业。而餐饮业在中国有着广阔的市场，自然不会被有经济头脑的商家错过，于是美食分享的经济模式也很快走进了人们的生活。

分享美食最典型的模式是以 C2C 为代表的分享厨房模式，采用“私家厨房 + 外卖”的模式，主要致力于挖掘社区里的美食达人，利用他们闲置的家厨资源和闲置时间，以外卖配送、上门自取等方式，为周边的用户提供外卖服务。

案例解读：觅食，分享生活好滋味

2012 年，电视纪录片《舌尖上的中国》的热播，引起了人们对中国饮食文化的关注。这部沉淀了中华千年饮食文化的大片，聚焦于普通人的家常菜，通过展现美食背后的制作工艺和生产流程，将吃回归家庭，回归母亲。

但是，对于大多数人来说，想吃到这些家常菜，不是苦于没有时间下厨，就是自己没有好的厨艺，做不出让自己或家人满意的味道。而以觅食为代表的分享美食模式平台的出现，为“吃货们”带来了福音，满足了人们对吃的新需求。

2015 年 3 月正式上线的觅食，将自己定位于一个基于分享经济模式的美食资源网络交易平台，可以为人们提供多品类、全场景的美食餐饮分享。它的目的是“集合民间的美食资源，再用各种维度划分场景，与买方用户进行适配”。

觅食的模式是建立在私厨的分享经济之下。在分享经济浪潮的冲击下，越来越多的人愿意将私人的空闲资源拿出来，置换一些额外的收益，甚至变成创业的渠道。在这样的形式下，私厨平台迅速受到了热捧。

对于觅食的诞生，其创始人冯晓介绍说：“中国人对吃这件事是非常在意的，我们认为从分享经济的角度，把家庭厨房搬到网上，为社区周边写字楼的白领提供午餐、零食等各种食物，会呈现出一个非常丰富和个性化的餐饮分享经济的平台。有的人想吃，有的人会做，把这些人通过一个平台对接起来，是一个不可限量的市场，于是就有了觅食。”

冯晓认为：觅食不同于大众点评、淘点点等点餐类的App，而是定位于解馋的应用，旨在建立中国第一民间手工美食在线交易平台。从某种程度上来说，觅食要做美食版的 Airbnb，用分享经济的理念去搭建一个私厨聚集的平台。用户只需要在线预订，便可在觅食里找到“小时候的味道”、“妈妈的味道”、“家乡的味道”。

中国有一句话叫“民以食为天”，这句话充分说明了吃在国人心目中的地位，所以餐饮业一直作为中国增长最迅速的行业，引领着国内的消费市场。随着时代的发展，人们的消费理念也发生了很大改变。对于吃，人们不再是简单地要求吃“饱”，而是要吃“好”，吃得健康，也吃出个性。

而觅食以自己丰富的私厨平台，迎合了人们的需要。在这个平台上，民间的美食手工艺人可以充分展示自己的美食制作技能，并通过移动互联网技术与吃货们进行无缝对接，以满足他们对食物多样化的需求。

在觅食平台上展示自己厨艺的人，既可以是对做饭感兴趣的美食达人，也可以是以赚钱为目的的全职卖家。前者一般生活条件较好，只是希望能把自己的厨艺和故事分享给其他人；后者则是希望能在平台满足自己创业的需求，通过自己的兴趣获得一份收入来养家糊口。但不管是前者还是后者，觅食都要求他们是真正的“个人”，而不是商家。所以说邻家的阿姨，隔壁的奶奶，都可能成为你觅食订单的供应者。

觅食私厨平台给了那些厨艺达人，尤其是一些家庭主妇施展才华的机会，让她们发现自己的价值，实现马洛斯需求论中“自我实现的需求”。所以，相对于赚钱，她们更看重的是觅食的分享意义，这也契合了觅食的经营理念。

觅食的创始人冯晓说：“你家社区周边只能有 20 多个餐馆，但会有上千个厨房。”而这些厨房都有可能被觅食变成餐馆，人们可以根据自己的需求，从觅食平台上选择到自己喜爱的美食。

为了让平台保持分享的氛围，觅食拒绝了很多知名餐饮品牌的入驻申请，确保入驻平台的私厨全部为个人，这一点又为觅食平台上美食的独特性和多样化提供了保障。

觅食的App平台上，提供的民间美食从烘焙饼干到鸭舌小吃，从私房椒酱到私家厨宴，一应俱全；共有送餐上门、小吃零食、调味酱料、生鲜果蔬、粮肉副食、养生养颜、饮品酒茶、烘焙甜品等11个一级品类，70多个二级品类。从这些品类上看，觅食不仅仅是搭建了一个私厨平台，更是打造了一个品类极为丰富的美食平台。

觅食的私厨平台满足了消费者对餐饮的深层需求，为消费者提供了个性化和及时性的服务，也为有一技之长的家庭主妇和美食达人们提供了一个释放能量、施展拳脚的空间，受到了人们的喜爱，平台交易非常活跃。据觅食提供的数据，觅食平台现已经拥有注册私厨2万多家，覆盖全国300多个城市，日常用户近200万，最高日订单量曾突破3万单，销量好的私厨一个月可以接到1000多个订单。这些数字说明了人们对民间手工美食的喜爱并不是一时的风潮。

2015年6月2日，在觅食进行的第二轮融资中，获得了红杉资本领投的1500万美元的融资，这一轮融资使上线不到一年的觅食公司估值达到1亿美元，也印证了在餐饮这个高频行业，像觅食这样的私厨平台正在受到越来越多的关注和肯定。

两度投资觅食的晨兴资本合伙人程宇说："美食的需求是非常长尾的，供应和需求都很充分且分散，天生适合用分享经济的方式解决供给，以市场贸易的业态完成闭环交易。另外，美食是非常高频的应用，未来有机会从高频往低频走。"

红杉资本董事总经理王岑负责对觅食进行投资，他在对觅食进行调查后指出：消费升级的本质是提升人们的“吃喝玩乐，衣食住行”，而觅食切的就是“吃”这个大类，其创新之处是激发了新的供给方来满足现代消费者对吃的新需求——个性化产品与及时性服务；觅食买卖两端的交易非常活跃，这显示了新模式的创新的魅力，也展示了觅食团队对“吃”的深层次理解和高效的执行力。

随着消费者对民间手工美食热情的提高，使更多的企业看到了商机，他们纷纷加入其中，掀起了一轮美食分享的热潮。这些平台和觅食的经营模式基本相同，大都采用“私厨+外卖”的方式，把家庭厨房搬到网上，为忙碌的上班族们提供一份私房美味。

目前，国内的私厨平台，除了觅食外，还有回家吃饭、妈妈的菜、烧饭饭、一起吃、有饭、下厨房、好厨师、吖咪等几十个私厨平台。这些平台，虽然都是分享经济中的新秀，但却都有不俗的表现。其中，回家吃饭的私厨平台，截至2015年底，在北京的日均订单超过了5万单，在北京、上海、深圳等城市的家庭厨房超过了5万个；吖咪成立仅7个月，单周全国活动场次就突破了100次，已经覆盖了北京、上海、厦门、福州等10个城市，有烘焙厨艺达人已超过1万人，有10多万美食爱好者成为其平台的拥护者。

吃饭，乃人生的第一要事，而有美食可吃，则是人生的一大幸事。自古以来，众多的饕餮们为了享口舌之福，孜孜不倦地寻求着天下美食。如今，美食遇上分享经济，催生了觅食等私厨平台，这对于“觅食”无门的吃货们来说，无疑是最大的惊喜了。

分享公共资源模式

我们前面给大家介绍了几种分享经济模式，但不论是滴滴打车，还是途家网，或者是人人聚财，这几种模式有一个共同的特点，那就是它们都是在盘活私有闲置资源的基础上形成的分享经济。这一节，我们要给大家介绍的是分享公共资源模式。

公共资源，是指自然存在或自然生成的，能为人类提供生存、发展、享受的自然物质与自然条件，属于全社会成员共同拥有，是人类社会经济发展共同所有的基础条件，比如阳光。顾名思义，分享公共资源模式，就是人们分享公共资源的模式。它让众多分散的用户用较少的投资，享用到更充足的公共资源，同时又不会造成资源的浪费和过剩。

案例解读：SolarCity，资源分享可以很容易

SolarCity 公司成立于 2006 年，是美国一家专门发展家用光伏发电项目运营企业。公司成立初期，主要以光伏系统的生产和安装业务为主，2008 年中期开始做光伏租赁业务和 PPA，成为美国现在最大的分布式光伏的供应商。

SolarCity 也是全球最早开始进行公共资源分享的企业，分享的公共资源是太阳能。而光伏系统就是将太阳的光能直接转为电能的一种技术。公

司的主要定位是城市和住宅聚集区，因此命名为“阳光城市”。经营模式是通过免费为用户安装太阳能光伏系统，然后将其租赁给用户并提供安装等周边服务，来实现公共资源的分享。

众所周知，全球的常规能源是很有限的，而太阳能作为一种公共资源，是人类取之不尽用之不竭的可再生能源，具有清洁、环保、安全等优点，在长期的能源战略中具有重要地位。

多年来，受政治和战争的影响，太阳能技术一直得不到很好的发展，直到20世纪90年代，由于大量燃烧矿物能源，造成全球性的污染和生态破坏，对人类的生存构成了威胁，同时，人们也注意到石油和天然气等资源的逐渐减少，在这种情况下，太阳能作为清洁能源和可再生能源凸现出来的优势，让许多国家，尤其是工业发达国家，都加强了对它的开发和利用，掀起了太阳能的开发利用热潮。

1990年，德国提出“2000个光伏屋顶计划”，每个家庭的屋顶装3～5kWp光伏电池。

1997年，美国提出“太阳能百万屋顶计划”，准备在2010年前，在100万座建筑物上安装太阳能系统；日本“新阳光计划”提出到2010年生产43亿Wp光伏电池；欧洲联盟计划到2010年生产37亿Wp光伏电池。

1998年，荷兰政府提出“荷兰百万个太阳光伏屋顶计划”，到2020年完成。

2012年，美国著名经济学家、美国华盛顿特区经济趋势基金会总裁杰里米·里夫金（Jeremy Rifkin）提出了“第三次工业革命”，其核心在于可再生能源与信息技术的紧密结合，全面实现在能源开采、配送和利用上由传统的集中式变为智能化的分布式，从而将全球的电网变成能源分享网络。

SolarCity公司的商业模式正是对杰里米·里夫金的“第三次工业革命”最好的诠释。它的光伏系统将充足的太阳能资源开采出来，通过资源分享模式，分配给用户，从而实现了能源利用的最大化。

光伏租赁业务是SolarCity的独创业务，主要应用在SolarCity的居民项目中。在此模式下，公司与居民用户签订20年协议，设备的所有权属于公司，只是用租赁的方式将光伏主设备提供给用户，为他们建设及维护屋顶的光伏系统并提供发电服务。

这种方式，使居民既无须承担高额的设备投资，节省了大笔的初装费，又可以享受低价电费（SolarCity所提供的租金或电费平均每度比电网低15%），因此受到了居民的欢迎，多年来，一直保持了业务的快速增长，装机量连年递增。

SolarCity成立以来，实现了年均200%左右的复合增速。根据财务报表显示，2015年第三季度，SolarCity共开发建设256MW分布式光伏电站，累计签订了1.6GW的能源合同，占据美国住宅太阳能光伏系统安装总量的34%。营收同比增加95%，创下了历史性的纪录。

同时，SolarCity公司独特的光伏租赁模式，也得到了学校、企业政府机关的青睐，很多单位都积极采用了该公司的太阳能光伏系统。

2012年，SolarCity公司与美国军方签订了12万单位的光伏建筑合作计划，用于改造军区光伏项目。

2015年10月6日，SolarCity宣布将在美国加利福尼亚州的综合学区Temecula Valley Unified School District（TVUSD）设置合计输出功率6MW的光伏发电系统和能源储藏系统，供给电力。

2016年3月8日，美国流通业大型零售商WFMG与SolarCity签约，在100所店铺设太阳能电池板；3月18日，SolarCity为康涅狄格州、新泽西州、纽约州和罗得岛鲍佛贝蒂管辖范围内的海军住宅社区安装了1300多个屋顶太阳能光伏项目。

SolarCity的远景不仅仅是成为一个光伏屋顶发电公司，而是成为一个光伏能源平台，集发电、储电和加电于一体，成为世界上最大的分布式清洁能源供应商。“我们的目标是让更多的美国家庭和社区使用上经济可行的太阳能发电系统。”SolarCity首席执行官林登·赖夫说道。

2016年4月7日，SolarCity公司与美国美林银行和其他投资者完成了第二轮融资。目前，该公司的市值估价在100亿美元左右，随着清洁能源越来越受到重视，在未来，它还将有更广阔的市场。

类似SolarCity这种分享公共资源模式的还有WiFi的分享，代表企业有美国的Open Garden公司和中国的平安WiFi。

WiFi是一种可以将个人电脑、手机以及平板等终端设备通过无线电波互相连接的技术，也就是一个高频无线电信号。而WiFi的网络分享，也就是在分享经济的基础上，对虚拟产品进行整合，将手机、平板等设备通过分享网络变成一个WiFi热点，同时，相互连接形成一个庞大的WiFi网络。

随着互联网的发展，手机的普及，世界的网民数量急剧增加，公共AP热点却明显难以满足人们日益增长的上网需求。

中国互联网信息新发布的第36次《中国互联网发展状况统计报告》数据显示：截至2015年6月，我国网民规模达到6.68亿人，其中，手机网民规模达到5.94亿人。有83.2%的网民曾经通过WiFi上网。

在这样的背景下，Open Garden公司和中国的平安集团分别开发了自己的App软件，让不同的电脑和手机端客户分享移动网，从而解决了人们上网难的问题。

成立于2011年Open Garden作为全球推广网状网络技术的领导者，其推出Open Garden App移动网络社会化众包平台，可以解决电脑、手机等设备接入无线网络不畅的烦恼。

在Open Garden App平台上，人们将智能手机、平板和电脑等设备通过该软件组成一个巨大的WiFi网络，只要一台设备连上网络，其他所有设备也能自动连接，实现了移动网络的分享。

中国平安WiFi是中国平安集团2015年推出的一款移动互联网App产品，它整合了中国电信、中国移动、中国联通及其他WiFi运营商的WiFi热点资源，为中国广大的网民提供了免费的上网服务。该产品整合的国内热点超过1000万个，覆盖了全国各大城市商场、火车站、机场、电影院、地铁、咖啡馆及公交车、码头等公共场所。

其实，在我们的生活中，公共资源大量存在，大家都在自觉或不自觉地享用着。但也有一些公共资源需要建设才能被人们更好地利用。随着社会的发展，人们需要更加全面地利用和借助分享公共资源的模式为工作和生活服务。而SolarCity和Open Garden以及中国平安通过分享公共资源模式，充分发挥了公共资源的潜力，满足了人们对资源需求的愿望。我们期待着有更多的公共资源能够融入分享经济的潮流，在节约资源的同时，也为人们带来更大的福利。

分享物品模式

物品分享领域是人们生活中最常见的一种形态，比如同学之间借书看，朋友之间借车用，邻里之间借日常用品等等，都是一种分享的形式。当然，这种分享一般是在双方之间相互信任的基础上才可能达成。同时，它受限于地理距离和人与人之间的关系两大因素，范围较小。

分享经济潮流中涌现出来的分享物品模式，则是指发生在陌生人之间，为了获得一定的报酬，而将物品使用权暂时转移的一种商业模式。主要有物品分享、书籍分享和服装分享等多种形式。

案例解读：Chegg、Rent the Runway 物品分享没什么不可能

分享物品是最早出现的一种分享经济模式，像成立于 1995 年的 eBay 网站就是一个可让全球民众上网买卖物品的线上拍卖和购物网站。这其实就是互联网时代的分享经济的早期模式。近几年，随着互联网时代的到来，基于互联网平台的分享经济模式迅速发展，分享物品的商业模式呈多元化的状态，蓬勃发展，进入了发展的黄金期。Chegg（书籍分享）、Rent the Runway（服装分享）等一些分享平台也逐渐引起了人们的关注。通过这些平台进行的物品分享，不论是在金钱成本上，还是在时间成本上，都极大地降低了供给和需求两方的成本，节约了大量的资源。

Chegg 是美国的一家在线租赁教科书的网站。2003 年，由美国的三名大学生约什·卡森（Josh Carlson）、麦克·西格（Mike Seager）和马克·斐德克（Mark Fiddelke）创办。刚开始，他们的目标只是做一个大学校园内的分类广告网站，2005 年，公司业务转为为在校大学生提供教科书租赁服务的电子商务公司。

在美国，大学生购买教科书的费用相当高，一个人一学期要花费将近 1000 美元。这些书在学期结束后也许就没有了用武之地。虽然可以将旧书进行转卖，但因为既费时又费力，所以很少有学生这样做，因此，每年都有大批的旧教科书被扔，而新生也不得不花大价钱去购买新书，造成了极大的浪费。

Chegg 的创始人看到了教科书租赁市场的巨大潜力，他们将学生不用的教科书回收，或者是自己购得新书，然后通过平台出租给需要教科书的学生，学生在学期结束的时候再将书寄回网站，平台再进行出租，形成一个良性循环。

果然，教科书租赁业务刚一推出，就受到了学生的欢迎，业务量大增。一般来说，教科书租赁的价格都为新书零售价的一半左右，所以对于学生来说，通过租书，减少了花费，而且选择范围还比较大；而对于平台来说，通过以折扣将书租给用户，获得利润。

2008 年，Chegg 网站通过教科书租赁，收益约为 1000 万美元，而到了 2009 年，仅一个月，收益就达到了 1000 万美元。2008 年，他们为学生们省下了 1600 万美元。从 2008 年到 2016 年，Chegg 网站的营收翻了 50 倍。

虽然 Chegg 依托图书租赁迅速发展壮大，占领了大学生图书租赁市场 80% 的份额，但是随着市场的成熟，竞争越来越激烈，而且由于图书租赁需要有大的投资，但收入增长缓慢，于是，2010 年，在丹·罗森维格（Dan Rosensweig）担任 CEO 之后，Chegg 战略开始向数字化全面转移。先是在原来图书业务的基础上，与电子教科书供应商合作，推出了移动阅读平台新业务，为学生提供电子教科书服务。后来，又相继推出海外大学推广平台、个性化答疑服务平台、实习就业服务平台等新的业务。这种模式就是如今的分享经济模式。

Rent the Runway 是一个提供在线服装租赁的平台，它成立于 2009 年 11 月，由当时还是哈佛商学院学生的珍妮弗·海曼（Jennifer Hyman）和珍妮弗·弗雷斯（Jennifer Fleiss）共同创立。创意来自于一次珍妮弗·海曼回家看到妹妹为了参加一个婚礼，面对着满柜子的衣服却找不到一件满意的，用透支信用卡的方法购买了高端而奢侈的衣服穿。

Rent the Runway 的模式是从全球顶级的设计师那儿买来衣服和配饰，以其 10% ~ 20% 的价格出租给有需求的顾客，网站按月订阅和按件计价两种方式收取费用。

有人说：女人的衣柜里永远缺少一件衣服。的确，女人对于衣服的追逐是永无止境的。但是服装的款式、质地却总在变化，如果要赶上潮流，就不得不每年购物。另外，随着女性经济地位的提高，越来越多的女性希望在社交时穿上高端的品牌服装，显示自己的风格，打造个人的品牌。但是，那高昂的费用却让她们不得不望而却步。

而服装租赁网站 Rent the Runway 正好解决了大多数女性的烦恼，它不仅顺应了分享经济的潮流，而且满足了女性对奢侈服饰的渴慕之情，让她们花很少的钱就可以穿上设计师设计的华丽、高端的服装。当然，也解决了衣柜里放不下衣服的烦恼。可以说，Rent the Runway 为女人提供了一个最大、最好的分享衣橱。

2009年，Rent the Runway刚成立一周，就有2万名女性客户成为会员，不到一年，用户就突破100万人。如今，Rent the Runway已经拥有超过550万用户，每天寄出6500余件服装及25000余件耳环、手镯及项链，并且与超过170名设计师建立了合作关系。

假如有一天，你需要穿礼服出席一个盛大的晚会，面对着价格昂贵，而且平时几乎没有机会穿的礼服，你如果不想购买，那么你不妨尝试一下Rent the Runway的服务。你尽管在平台上选择那些顶级设计师设计的服装，花很少的钱把它订回家，然后在你用完之后，再把衣服寄送回去。

Rent the Runway作为分享经济的一种形态，让消费者对服装有了更多选择，却减少了负担，让他们与不断变化的时装潮流保持同步。而其最大的特点是让时装平民化。它满足了众多爱美的女人追求奢侈品的梦想，让高端品牌不再那么遥不可及。现在，每当到了盛大节日或者有重要聚会前，美国的许多女性都会登录Rent the Runway租赁一件时尚的礼服穿，而不是购买。

一直以来，人们习惯了购买想要的物品，不论其使用的频繁程度如何。当然，对于经常使用的东西，购买自然是合理的，比如电视机等，然而，对于那些只是偶尔使用一两次的物品，买回来就成了鸡肋，弃之可惜，留之无用。

现在，随着分享经济时代的到来，“使用并不拥有”的理念也越来越被人们接受，而像Chegg、Rent the Runway这样的物品分享平台，为拥有者和需求者架起了一座沟通的桥梁，把那些无味的“鸡肋”变成了鲜美的“鸡肉”，重新发挥它的作用，既环保又实惠，这应该是最能体现分享经济内涵的地方。

分享知识模式

孔子曰：三人行，必有我师。我们身边的每个人都可能是某个领域的专家，或者对某件事、某个问题有着丰富的生活经验和独特的见解。而将这些经验和见解通过互联网分享出来，就形成了分享知识模式。

通过分享，可以让存在于每个人头脑中的知识发挥更大的价值，它通过互联网的方式，打破了空间的限制，使更多的人从中受到教育，从而提升整个社会的教育水平和文明程度。由此可见，分享知识对社会的发展有着非常深远的意义。

案例解读：知乎，与世界分享知识

分享经济给人们生活带来的改变，可以分为两类，第一类是提升了人们物质生活的品质，例如我们前面介绍的觅食、途家和滴滴打车给人们日常生活中的食、住、行带来的变化；第二类则改变了人们的精神生活品质，例如知乎、虎嗅等通过各种知识和生活经验的分享，让人们的精神生活变得丰富多彩。

成立于2011年的知乎网，是一个知识性的网络问答社区，这里聚集了各行各业的精英，他们用图片和文字作载体，通过问答和开专栏的方式，交换有价值的信息，分享彼此的知识、经验和见解，为中国互联网网民源源不断地提供各种各样的高质量信息和知识。

知乎的 CEO 周源在美国斯坦福大学演讲时，曾这样定位知乎："我们搭建的是一个帮助大家分享和组织彼此知识、经验以及见解的平台，社区才是知乎的核心力量。我们也很高兴知乎成为了很多人的精神家园和知识中枢。而这一点就是我们做知乎的原因，是初心和出发点。"

其实，自从有了互联网，就不乏这样的社区，但是，大部分社区都充斥着大量质量低下甚至虚假的垃圾信息，真正能帮助人们提高知识、解决问题的却寥寥无几。

而知乎与其他社区相比最显著的区别在于，用户之间的社交关系都是建立在一问一答的讨论之间。知乎中的问题都比较高端，没有标准答案。问题的特性决定了回答者的知识结构和知识背景，同时也在无形中展现了这个人的品质。

由于最初成立时，采用的是邀请制注册方式，被邀请的均是各界的精英，这些精英大都是社区、移动互联网领域的CEO或创始人，如创新工场的董事长李开复等。他们的经验与见解足够解决互联网领域70%的问题。而正是这一批专家级的人们奠定了知乎的基础，产生了众多高质量的回答，为社区营造了一个高质量的问答氛围，也吸引了很多互联网从业者入驻知乎。

知乎用户谌斌就曾形象地描绘其社区氛围："谈笑有鸿儒，往来无白丁，无微博之乱耳，无SNS之劳形。"良好的氛围也吸引来了更多高知、高收入的用户群，这些人在某个领域有过这方面研究，他们一样也有多余的知识可以分享，成为知乎活跃度关键的一环。

2016年知乎公布的一份用户数据显示，北京知乎用户中，月收入在1.2万元以上的比例为30.84%；上海这个比例是26.5%、深圳是23.67%、杭州是23.44%。

随着2013年知乎向公众开放注册，有越来越多的不同职业、不同背景的新用户加入进来。有的人是为了学习提升自己，有的人则是为了交流，也有人是为了打造个人品牌，尽管目的不同，却对知乎的发展起到了极大的促进作用。截至2016年5月，知乎已拥有5000万注册用户，平均日活跃用户量达1300万，人均日访问时长33分钟，月浏览超过50亿。全站目前累计产生了1000万个问题，3400万个回答及3500万次赞同。

2016年4月20日，Alexa排名显示，知乎网已经居为中国第29大网站。20个月前，它还仅仅排在第143名。而从40名走到29名，知乎只用了3个月。另外，在移动端，根据App Annie知乎中国区排名显示，作为一款非典型社交类产品，其在社交类App中国区下载量排名基本稳定在10～15位之间。

如此庞大的数据和火箭式的发展速度，让人们不由产生疑问，在经济社会时代，一个既没有物质奖励，又没有提升机会的网站，为什么会有这么多的用户参与其中？答案其实很简单，只有两个字：分享！

人们在潜意识里都有分享的欲望，比如孩子会分享自己的玩具，大厨会分享自己制作的美食，老人们分享自己的生活经历等等，通过分享，人们在精神上和心灵上都可以获得强烈的愉悦感。

美国心理学家亚伯拉罕·马斯洛（Abraham Maslow）曾把人的需求划分为五个层次，分别是生理需求、安全需求、社交需求、尊重和自我实现需求。如果说QQ、微信等满足了人们的社交需求的话，那么知乎等问答社区，给了那些行业精英们一个高质量的分享舞台，满足了他们尊重和自我实现的需求。

在知乎上，通过回答问题，可以让回答者建立威望，尤其是高质量的回答者，通过文字表现出的非凡智慧和特立独行，更容易收获认同感和满足感。而这种强烈的满足感比任何激励措施都更有吸引力。

著名“知友”田吉顺是一名妇产科医生，在知乎的一场医患关系的讨论中，他凭借着专业而严谨的回答成为知乎名人，他累计回答问题335个，获得了18790位关注者，并得到了10000个“赞”。

随着网络社交媒体逐渐渗入人们的日常生活，信息的获取渠道也更加多元化。通过数字互动，人们不再被动地单方面接受信息，而是通过主动地参与来寻找对自己有用的信息。而知乎的出现恰好迎合了人们的这一需求。

现在，知乎的内容领域变得越来越广泛，内容的积累也越来越丰厚，任何引起社交网络讨论的话题，几乎都能在知乎上找到。而对于很多用户来说，知乎已经成为一个新的工具，在这里，人们不但可以分享和获取知识，还可以结交到新的朋友，甚至可以帮助他们找到新工作，获得新的商业机会，更有甚者，通过知乎这个知识分享平台分享自己的知识，同时获得粉丝的打赏，为自己赢得一定的报酬或业绩。

2015 年 11 月，知乎网完成了新一轮的融资，投资方是中国互联网的两家大亨——腾讯和搜狗。该笔融资在问答领域处于一枝独秀，但对缺少资金的知乎来说，无疑是雪中送炭之举。现在的知乎正如当年豆瓣创始人阿北在创新工场演讲时形容豆瓣一样，已不仅仅是一个产品，而是一个品牌了。

为了更好地开拓市场，知乎也在不断地进行新产品的开发。2016 年 5 月 14 日，在上海国际时尚中心举办的知乎“盐 Club”上，知乎的创始人兼 CEO 周源宣布了知乎产品——知乎 Live 的诞生。周源说：“近一年以来，我们观察到移动商用户对于知识交流有着全新的场景化需求，是时候做出改变，为用户提供更为丰富的知识交流工具了。”

知乎 Live 是“一对多”的群组问答产品，入口在知乎 App 内。它在社区原有问答、专栏等文字形式基础上，创建了一个类似聊天室的场景，通过实时问答的方式，把知识一次性分享给多位用户。既让用户体验到了实时的问答互动，也拓宽了知识分享的形式。

对于知乎的未来，周源说，它将不再只是一个社区，而是“在媒介环境变化的情况下，会有更多的场景，会从一个知识讨论社区，变成一个知识平台和一种互联网的基础设施，帮助人们更有效、方便地分享与组织彼此的知识、经验和见解”。从周源的话我们可以看出，虽然知乎平台上的问题回答者（供给方）还没有稳定的收入来源，但随着知乎在分享经济领域的持续开拓，未来的知乎平台，一定会成为真正成熟的知识分享经济平台，无论是需求方还是供给方，都会在该平台上获得自己想要的东西。

分享任务服务模式

分享任务服务模式，就是帮助别人完成任务或提供各种服务的一种模式。网站把需求方的工作内容发布出来，然后由有能力完成的人领取任务，并在规定的时间内完成任务后，再由需求方支付相应的报酬，而网站则从中提取相应的佣金，获取收益。

其实，这样的分享任务模式在我们的日常生活中大家都会遇到，一个简单的例子就是：春节前夕，很多家庭到家政公司请专业的保洁员来家里打扫卫生。而家政公司就是一个线下提供服务分享的平台。

案例解读：猪八戒网，扫平不可能完成的任务

当分享经济在全球还处在萌芽状态之时，中国却已经有了一位先知先觉者，他率先成立了一个网站，以分享任务服务的模式，开创了中国分享经济的先河。这个人就是猪八戒网的创始人——朱明跃。

猪八戒网是朱明跃2006年花500元钱，请一位程序员开发的一个用于服务交易的网站，这是中国最早开始分享任务服务模式的网站，也是迄今为止中国最大的在线任务服务交易和文化创意网站。

猪八戒网的网站服务交易品类涵盖了平面设计、网站建设、网络营销、

方案策划、生活服务、工程设计等400多种行业。网站致力于为企业、公共机构和个人提供定制化的解决方案，同时，也为那些工程师和设计师提供了一个将自己的创意、智慧、技能转化为商业价值和社会价值的平台。

猪八戒网利用互联网技术，把全球的客户和服务商连接起来，节省了大量的成本，极大地提升了工作效率。客户只需要把工作任务发布在网上，然后通过悬赏模式可以征集到多种方案，获得满意的作品，或者通过速配模式，找到匹配的服务商来提供服务。既获得了很高的效益，又降低了成本。

而对服务商来说，足不出户就可以找到一份自己喜欢或者擅长的工作，既让自己的聪明才智得到了充分发挥，又获得了一份收益，还可拥有相对自由的工作时间和工作环境，可谓是一举多得。另外，网站颠覆了原来设计和工程行业的利益分配规则，改变了公司大收益，设计师和工程师小收益的传统，100%的佣金制度，吸引了大量的设计师和工程师。

由此可见，猪八戒网其实和滴滴打车、途家一样，为大家提供了一个分享的平台。不同的是，它分享的是设计师、工程师。凭借着创新的商业模式和平台优势，猪八戒网得到众多个人、企业的青睐。

截至2016年5月，猪八戒网500万家中外雇主，1500万用户数据，每年订单交易超过100亿，市场占有率超过80%。2015年，网站获得了超过2.5亿元的营收。目前，网站日均交易量在5000~10000笔之间，日均访问量高达4500万余次。

虽然，这些数据书写了猪八戒网今天的辉煌，但在刚成立的很长一段时间里，却由于商业模式简单等原因，平台一直面临着巨大的生存压力，甚至一度为不让团队成员饿肚子而拼搏。面对着困境，朱明跃并没有放弃，他坚信自己做的是一件既有社会价值又有商业价值的事。在他的坚持下，猪八戒网也得到了各级政府机构的关注与扶持。

从2008年到2014年，网站先后获得博恩集团、美国IDG的注资；2016年获得的重庆北部新区和赛伯乐共计26亿元融资，是迄今为止，互联网服务交易平台最大的一笔融资，本轮融资后，猪八戒网市场估值超过百亿。

在投资人的支持下，再加上七次腾云行动，大刀阔斧地对产品进行的改造，猪八戒网终于“守得云开见日出”，作为众包服务平台，一枝独秀地站在了分享经济的风口上。

从2006年500元的起步资金，到2016年公司估值超过百亿，猪八戒网用10年的时间破茧成蝶，成为全球众包平台的领跑者。现在在平台上，每一秒钟都会有需求发起，都会产生数个原创稿件，每半个小时就会接到一个来自国外的订单。

虽然，猪八戒网已成为在线任务服务交易网站的王者，但发展过程中，朱明跃逐渐意识到了现有的佣金模式已经阻碍了平台的发展，因此，在2015年6月15日，猪八戒网平台正式宣布免佣，这一举动震惊了整个业界。

那么，在“0 佣金”的模式下，猪八戒网又是如何进行收益呢？

首先，猪八戒网依托平台 10 年积累的客户资源，开拓出了“数据海洋 + 钻井平台”的商业模式，包括八戒知识产权、八戒财税、八戒印刷、八戒金融等多口钻井平台。实践证明，由于去掉佣金，平台用户快速增加，平台反而得到了更广阔的机会。通过这些钻井平台，猪八戒网获得了多桶“石油”，收获颇丰。

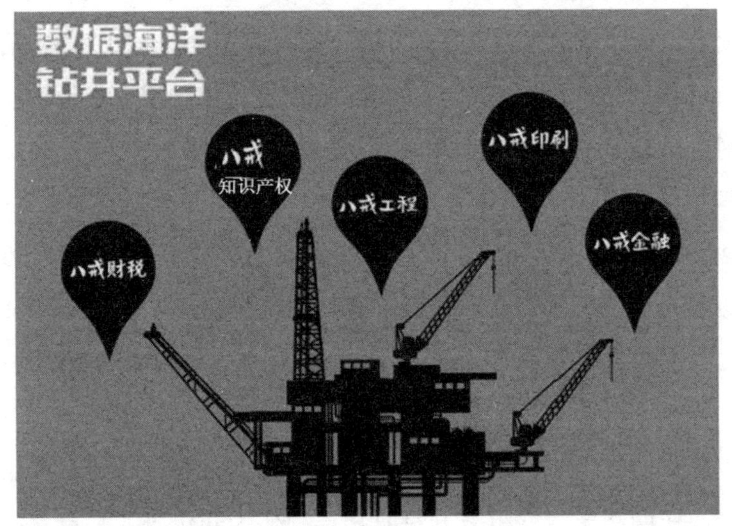

“猪标局”是猪八戒网为了代理小微企业提供商标注册，于 2015 年初新上线的一个网站，成立不到一年，该网站就成为中国商标总局里平均单日注册量最高的公司，达到月均接单 11000 件，商标代理通过率达到 80% 以上，成为国内首屈一指的商标代理机构。

其次，猪八戒网在重视互联网线上服务的同时，也加强了线下公司的孵化。随着一些线下 App 开发、微信号营销公司入驻平台，平台上公司越来越多，线下孵化就成为服务这些公司的更好选择。这也使得网站得以建立连接客户和服务者的线下连接点。

同时，猪八戒创新的商业模式和显著的社会效益，也逐渐引起了政府机构的关注，他们向猪八戒网抛来了橄榄枝，愿意与其合作，推动当地的产业发展。

2016年3月1日，猪八戒网与云南省昆明市人民政府正式签订了合作框架协议，为云南省创业者提供更深度、更直接、更贴身的创业创新服务。

2016年4月26日，猪八戒网与四川凉山州会东县签订战略合作协议，利用平台资源优势，在农产品品牌策划、包装设计、营销推广以及电商平台的运营、电商人才的培训等方面助力其经济发展。

2016年4月29日，“苏州欧富朗旗下七城产业园”与猪八戒网签订战略合作协议，协议中的七个产业园的350家企业，将借助猪八戒网平台的优势，带动产业园所在城市一大批中小微企业和创业者共同发展。

2016年5月2日，内蒙古呼和浩特市与猪八戒网签订战略合作协议，双方将携手打造呼市的创业、创新平台。

2016年5月11日，猪八戒网与玉林市人民政府达成战略合作，签订了战略合作协议。

2016年5月12日，猪八戒网与重庆市软件协会签订战略框架合作协议，将打造重庆市软件行业云端服务平台、构建重庆市软件行业中小微企业全生命周期服务体系。

2016年5月5日，在以“创新驱动发展”为主题的媒体集中采访活动中，猪八戒网CEO朱明跃特别介绍了网站重点实施的“八戒城市——百城双创”项目。

朱明跃谈道，猪八戒网打造“八戒城市”项目，从线上走到线下，在各个城市打造一个O2O服务综合体，具体包括：搭建一个云端服务平台，通过平台政府机构、中小微企业可以向全球购买服务，同时当地的服务企业可以将自己的服务，足不出户卖向全国，乃至全球；打造一个全国独有的O2O众创空间，线上线下孵化当地创业。

在2016年猪八戒网工作启动大会上，朱明跃表示，在分享经济时代下，所有人都要学会平台化生存，未来要么做平台，要么平台化生存。2016年猪八戒网将依托平台社会价值与商业价值并重的发展观让商家赚大钱，为服务商创十亿级收入。这种辉煌的战绩和美好的未来构想，将会推动猪八戒网在分享经济领域走得越来越远。

附 录

附录一：中国分享经济发展呈现的四个特点详解

从当今中国市场的发展现状和演进态势看，中国分享经济发展呈现以下四个特点：

1. 产业粗具规模，未来潜力巨大

近年来，国内分享经济发展迅速，平台企业快速成长。根据速途研究院数据，2012 年在线短租市场起步时市场规模仅有 1.4 亿元，2014 年达到 38 亿元，2015 年超过 100 亿元。京东产品众筹于 2014 年 7 月上线，截至 2015 年 12 月，京东产品众筹总筹资额已突破 13 亿元，其中百万级项目超 200 个，千万级项目已有 20 个。分享经济的发展速度远超传统行业，发展潜力巨大。

分享经济各领域代表性企业的参与人数快速增加。截至 2015 年底，接入滴滴出行平台的司机数已超过 1400 万，注册用户数达 2.5 亿。成立于 2015 年 5 月的京东众包，半年多时间内就发展注册快递员超过 50 万人，其中参与过快递业务的就有 20 万人。到 2015 年年底，猪八戒网注册用户数达 1300 万人。2015 年约有 7200 万人次参与过众筹活动，使用过 O2O 类本地生活服务的用户数超过 3 亿。

2. 分享领域迅速拓展，平台数量持续上升

分享领域迅速拓展，从在线创意设计、营销策划到餐饮住宿、物流快递、资金借贷、交通出行、生活服务、医疗保健、知识技能、科研实验，从消费到生产，分享经济已经渗透到几乎所有的领域。

平台数量持续上升，一些领域在短短数年间就涌现出数百家分享型企业，并迅速形成一批粗具规模、各具特色、有一定竞争力的代表性企业。如在交通出行领域有滴滴出行、易到用车、PP 租车等；在房屋住宿领域出现了蚂蚁短租、小猪短租等；在共享金融领域出现了红岭创投、陆金所、人人贷等；在众包领域有猪八戒、做到网、京东到家、人人快递、e 快送等。此外，在众创、生产能力、科研设备分享等领域也出现一批具有代表性的平台，如人人设计网、淘工厂、易科学等。

3. 出行发展较快，示范引领作用凸显

作为“互联网交通”下的新业态，交通出行领域分享经济的发展起步于 2010 年，易到用车、滴滴打车、快的打车等诸多交通出行分享平台相继成立，经过 5 年多时间的发展，平台企业经历了早期的创业热潮、寡头竞争、战略整合等发展阶段。随着 Uber 进入中国，市场竞争再次陷入胶着状态，未来的竞争格局尚不明朗。近期围绕网约车新规的讨论又将交通出行分享推到了风口浪尖，成为人们关注的焦点。

交通出行只是人们日常生活、生产的一个领域，未来分享经济涉足的领域更广、渗透程度更深，对传统产业带来的影响更大。由于平台企业成长的相似性，作为分享经济的领头羊，使得交通领域的发展历程、成长路径、竞争战略以及行业政策制定对整个中国分享经济行业都将起到一定的示范和引领作用。

4. 本土企业创新崛起，积极开拓国际市场

网络化的特质加上中国独特的优势，大大加快了中国分享经济企业从模仿到创新，从跟随到引领，从本土到全球的进程。

从商业模式或涉及的领域看，中国早期绝大多数分享经济平台都是从模仿国外的平台开始的。但成功的分享经济平台并不是简单照搬照抄，而是在模仿的基础上进行了本土化创新。此外，市场竞争压力倒逼企业走本土化创新的道路，一些创新企业已经走在了世界前列。

一些企业开始凭借成功的商业模式创新，积极拓展国际市场。比如，2015 年 5 月，WiFi 万能钥匙正式开辟海外市场；截至 2016 年 2 月，其已经在巴西、俄罗斯、墨西哥、印尼、越南、马来西亚、泰国、埃及等近 50 个国家和地区的 Google Play 工具榜上排名第一，用户遍及 223 个国家和地区，成为少数能覆盖全球用户的中国移动互联网应用之一。

附录二：即将被分享经济改变的九大行业

分享经济这种新的经济模式并不只会在出租车业和酒店业发挥作用，利用人们业余时间和空间的特点，它几乎可以渗透到各个行业。

1. 快递业

目前快递业的模式基本上是由快递公司雇用全职快递员进行商品配送。快递业是重资产模式，它最大的资源需求是人力，人力一旦紧缺就会导致快递延误，影响用户体验。在中国，每年春节前由于大批快递员提前回家，人员紧缺便会导致快递延后。

而分享经济模式下的快递业必然是轻资产模式。一个商家在平台上发出送货需求，附近的有车人员接到需求后到商家所在处取货，然后送至目的地。对于同城快递来说，这是一种比传统快递更快捷、也更节省时间的方式；对于异地快递来说，递送可以分段进行。

事实上，Uber已经开始了这种模式的探索，在美国推出了同城快递服务UberRUSH，用户可以在Uber上叫快递，然后由司机将物品派送到目的地，用户可以看到物品预计到达时间和物品的实时位置。

分享经济下的快递业可以充分利用全社会拥有空闲时间的人员，有效地解决传统快递业人员短缺的问题，而基于地理位置寻找最近人员的方式也可以节省快递时间。

2. 家政服务业

在美国电影《另一个地球》中,女主角撞死了男主角的妻子和孩子。某天,并非职业清洁工的女主角由于愧疚敲开了男主角的门,并为对方提供清洁服务。

电影里的女主角并非某个家政公司的员工,而只是一种个人(自雇)行为。分享经济下的家政服务就是这种场景,提供家政服务的人员并非是某个家政公司的员工,而只是拥有空闲时间并想赚点钱的人,当然他们可能有过家政的相关培训经历,或者有带孩子的经验。

与传统家政服务相比,分享经济下的家政服务人员未必整月或整年地为有需要的家庭提供服务,而更可能是为某些有急切需求的家庭提供服务,比如老婆出差男人没时间打扫卫生,或者奶奶回老家小孩无人照顾等情况。

对于已经退休在家的人员来说,分享经济下的家政服务业是很好的再就业机会。当然,服务需求方可以根据服务方的服务经验和过往口碑来决定是否雇用对方,这一点已经成了从事这一行业的互联网公司的标配。

3. 教育业

在不少国家,公立教育相对来说基本处于垄断地位,但在公立教育之外,市场依然无限广阔。

对于服务提供方来说,分享经济下的教育行业可以为两类人提供机会,一是可以解决公立学校老师在业余时间赚取外快的需求,二是为拥有教师资质但无法进入公立学校工作的人提供工作。同时他们可以不用依附于私立教育机构，而成为自由职业者，为学生提供服务。

对于服务需求方来说，这种方式可以满足想享受个性化教育服务的学生的需求，也可以满足想找一位好口碑老师补课的需求。

4. 培训业

随着自媒体时代的到来，培训业已经大面积开花。自媒体时代孕育的培训师是在某些方面拥有一技之长的行业专家，他们往往不依附于某个培训机构，而是成立自己的工作室，或利用业余时间展开培训工作。

果壳网 CEO 嵇晓华成立的“在行”就是分享经济下培训业的一个例子。任何一个在某方面有所建树或有所见解的人都可以在“在行”注册成为行家，这些行家是自由的，不依附于任何培训机构。

而任何想在某方面获得指点的人都可以在“在行”找到自己合适的交谈对象。在形式上，“在行”这个平台提供的不是培训而是一对一学习交谈，但本质上，这是分享经济下的培训。

5. 个人服务业

上门理发、上门按摩、上门美甲……放在5年前，这些恐怕想都不敢想，但移动互联网让这些成为了现实。

相对于传统个人服务业，分享经济下的个人服务业有两个无法比拟的优势：

一是对于消费者来说节省时间。比如传统理发店，你在去之前并不知道有多少人在等候，也不知道心仪的理发师是否在店内，到了之后很有可能会等一两个小时。而在分享经济下，你可以提前查看心仪的理发师什么时候有时间并预约，预约成功后，规划好时间，就可以惬意地做其他事情了。

二是对于服务师傅来说，可以更充分地利用自己的时间。传统雇佣式的门店，理发师必须服务于到店顾客，而如果一天生意冷清，那么理发师就没什么事做，也就没什么钱赚。但在分享经济下，可以合理安排为客人服务的时间，这样可以更高效率地赚钱。

6. 新闻业

在新闻业，自雇型的记者其实早已有之。在新媒体时代，科技博客的崛起成为分享经济最重要的体现。

例如，在百度这样的网站上，内容不是全部来自站内的记者或编辑，很大一部分内容是由注册该网站的作者贡献的。这些作者出于兴趣或其他原因，独立采访或采编内容并发表在网站上，而网站会拿出一部分稿费给予这些内容贡献者。

未来新闻业或许是这样的：在某个事件发生或即将发生时，平台发起采访或写作任务，平台的注册作者选择自己感兴趣或适合的任务，然后去采访并成文，最终发布至平台上。而平台根据作者的贡献给予稿费。

7. 租赁业

酒店式的租赁业由 Airbnb 在市场上占据主导地位，而分享经济同样正在渗透办公租赁业，它主要满足的是办公场地短租者的需求。

分享经济下的办公租赁业主要针对以下几类人群：一是初创企业，这种企业并没有特别强的办公租赁需求，只需要有一个办公的地点就可以了。二是自由职业者或工作室工作者，他们没有长期的租赁需求，而只有弹性的租赁需求。三是中小企业的外地办事处，有时候为支持一个外地项目，中小企业必须驻扎外地办公，但如果不是稳定的项目，这些企业也许只需要一个临时的办公地点。当然，如果这个办公地点有公用会议室、打印机、茶歇地点等空间会更受欢迎。

潘石屹最近推出了短租写字楼，而美国的 WeWork 估值超过 50 亿美元，它们可以供租赁者按月甚至有些按周租赁办公空间，并提供会议室、打印机等公共设备。

8. 广告创意业

广告创意行业一直不缺兼职合作者，这些能够为公司提供创意内容但并不供职公司的人被称为自由设计者，大部分的创意公司都不太可能完全离开自由设计者。

分享经济为创意业提供了更多的可能，当某个公司发出了一个客户的相关任务，平台上会有很多创意人员领取任务，公司根据创意人员的过往作品和评价选取合适的人员，然后开始达成协议并实施。理论上来讲，这种模式可以供一个 CEO 开一家几乎没有全职创意人员的“空壳公司”。

当然这样的预想在目前看来仍然有难度。创意不像租车，它不是一个标准化的模式和流程，并且很多时候兼职创意者并不能领会雇主下达的任务。但在分享经济下，兼职创意人员对雇主的贡献在未来会有更多的可能。

9. 医疗业

分享经济下的医疗业，医生可以用空余的时间为附近或更远（根据费用）想享受定制化医疗服务的病人提供在线咨询以及上门治疗等服务，而许多病人也不需要再跑到医院去挂号问诊了。

当然，当前一些国家医疗的矛盾很大程度在于，有限的公立医院资源与巨大的病人医疗需求之间的矛盾，分享经济并不能完全解决这个问题。但如果医疗行业实现完全的市场化，那么在分享经济模式下，医疗行业一定会迸发出巨大的生机。

附录三：分享经济的全球态势和中国态势概览

1. 分享经济的全球态势

目前分享经济浪潮正席卷全球，平台企业持续增加，分享领域不断拓展，市场规模高速增长，涌现出一批“独角兽”企业，行业竞争愈发激烈，竞争格局快速变化。在政策支持下，未来全球分享经济将迎来新的发展机遇。

（1）分享经济成为热点

金融危机后，全球分享经济快速发展，从欧美不断向亚太、非洲等地区的上百个国家扩张。领先企业的成功吸引了大量创业者加入分享经济领域，平台企业不断增加，投资分享经济领域的机构数量也迅速增加。据Crowd Companies统计，在美国2010年只有不到20家机构投资于分享经济，而截至2015年4月底已增加到198个。同时，风险投资金额呈爆发式增长。分享经济的崛起对现有的法律、政策以及传统行业的发展都产生了巨大影响，使其成为政府及社会各界关注的焦点。

（2）分享领域不断拓展

全球分享经济正进入快速扩张期，从最初的汽车、房屋分享迅速渗透到金融、餐饮、空间、物流、教育、医疗、基础设施等多个领域和细分市场，并加速向农业、能源、生产、城市建设等更多领域扩张。未来一切可分享的东西都将被分享，人们的工作和生活方式将因之发生深刻变化。正如分享经济的倡导者瑞恩·格丽（Ryan Gourley）所言：“分享经济从一个城市开始，逐步扩展到一个地区，进而渗透到整个国家，最后形成一个分享的世界。”

（3）初创企业快速成长

分享经济的崛起催生了大量市场估值超过10亿美元的“独角兽”企业。根据调研公司CB Insights的数据，截至2016年2月4日，全球价值在10亿美元以上的私营公司有151家，其中有分享汽车的滴滴出行、Uber、Lyft、Olacabs、BlaBlaCar以及GrabTaxi；分享房屋的Airbnb、途家网；分享网络存储空间的Dropbox；分享开源软件的GitHub；分享邻里信息的Nextdoor；分享办公空间的WeWork；分享医生咨询和预约的挂号网；提供金融P2P服务的Funding Circle、Social Finance，以及生活类服务的Delivery Hero、HelloFresh、饿了么、Instacart等。更重要的是，这些公司创业时间多数不到5年就达到上亿甚至上百亿美元的市场估值。随着分享领域的拓展以及商业模式的不断创新，更多的巨无霸企业将接踵而来。

（4）竞争格局尚不稳定

全球分享经济尚处在起步阶段，成长迅速，竞争激烈，尚未形成稳定的格局。目前看，只有在个别领域，少数起步较早的企业获得了一定的先发优势，初步形成相当用户规模和较高市场占有率，开始建立起成形的盈利模式。一般而言，分享型企业的收入来源渠道主要有中介收费、搜索排名、流量广告、金融收益等。但对于更多的领域和初创企业而言，还处在探索过程中，尚未形成可持续发展能力。从地区发展的角度看，美国是分享经济发展的领头羊，但欧洲、亚洲各国的平台企业也在迅速崛起，全球竞争格局仍处在快速变化中。

（5）政策导向趋于明朗

随着实践的发展，人们对分享经济意义作用的认识逐步深化，许多国家的政府部门对待分享经济的态度从观望、犹疑转向明确支持。美国在2012年4月就出台了《创业企业融资法案》(Jumpstart Our Business Startups Act，简称“JOBS法案”)，成为第一个股权众筹合法化的国家。2014年美国有17个城市议会和4个州通过了合法化专车的城市条例，到2015年8月合法化专车的城市与州合计扩大到54个，而2014年之前这一数字还是零。2014年9月，英国宣布将打造分享经济的全球中心以及欧洲分享经济之都。欧洲议会工业、研发和能源委员会与内部市场和消费者保护委员会联合发布对数字市场新战略的立场文件，强调支持分享经济发展。加拿大安大略省、魁北克政府已经开始进行新法律框架的拟定和修改，并作初步调研工作，支持分享经济发展。澳大利亚政府对分享经济持乐观态度，如2015年悉尼政府采用政府主导、企业运营的模式推进汽车分享，并将“汽车使用分享”计划作为城市发展规划“悉尼2030”的一个重要内容；新南威尔士州宣布将通过法律途径使Airbnb等分享经济行业合法化。韩国政府对分享经济企业实施政府认证程序，并对有突出贡献的企业给予资金支持和宣传帮助，还计划于2016年对相关法律法规进行调整以适应分享经济的发展。

2. 分享经济的中国概览

近年来，中国分享经济快速成长，创新创业蓬勃兴起，本土企业创新凸显，各领域发展动力强劲，潜力巨大。同时，在分享经济发展过程中也面临行业自我完善、信用体系建设、市场监管机制等方面的问题。整体上，中国分享经济仍处于发展初期，未来具有更大发展空间。

(1)发展历程

从发展实践看，中国的分享经济实践大体经历了三个阶段：

一是萌芽阶段（2008 年之前）：20 世纪 90 年代开始，美国陆续出现 Craigslist、Napster、Zipcar 等分享经济平台，在互联网大潮的影响下，一批海归回国创业，国内互联网产业开始发展，开始出现一些基于互动式问答的知识分享网站，并逐步出现一些众包平台，如 K68、威客中国、猪八戒网等。这一时期分享经济的发展仍处于萌芽阶段，似星星之火，尚未形成燎原之势。

二是起步阶段（2009—2012 年）：伴随着国外分享经济浪潮的发展，国内众多领域的分享型企业开始大量涌现，如滴滴出行、红岭创投、人人贷、天使汇、蚂蚁短租、途家网、小猪短租、饿了么等。

三是快速成长阶段（2013 年以来）：随着技术和商业模式的不断成熟、用户的广泛参与以及大量的资金进入，部分领域的代表性企业体量和影响力迅速扩大。分享经济影响越来越广泛，许多领域出现了本土化创新企业，已经有企业开始了全球化进程。总体上看，这一时期分享经济领域的企业数量和市场规模都呈加速成长态势。

（2）问题与挑战

所有新生事物都会遭遇“成长的烦恼”，分享经济也不例外。对于中国而言，分享经济的发展还会遇到一些特殊的矛盾和问题。

分享实践发展加快，监管体系亟待重构。当前占主导地位的经济社会管理制度是建立在工业经济和工业化大生产基础上的，强调集权、层级管理、区域与条块分割等管理方式，注重事前审批和准入。基于网络的分享经济具有典型的网络化、跨区域、跨行业等特征，快速发展的实践使得许多制度变得越来越不适应。

创新引发利益调整，统筹协调难度加大。分享经济发展大大降低了诸多行业的进入门槛，分享型企业拥有显著的成本优势、创造无限供给的能力、趋近于零的边际成本，使传统企业面临巨大竞争压力。在具有排他性的垄断市场中，分享型企业的进入及其快速扩张的发展态势冲击着原有的商业逻辑和经济秩序，直接引发了社会财富和利益的重新分配，不可避免地会遇到来自既得利益者的质疑和阻挠。

产业发展尚不成熟，许多问题有待解决。分享经济模式下产品与服务的供给方通常是大量不确定的个人或组织，尤其是当前诸多领域的分享经济都处于探索阶段和发展初期，其服务和产品的安全性、标准化、质量保障体系、用户数据保护等方面仍存在不足和隐患。多数企业并未找到有效的商业模式，同质化竞争普遍，多数领域仍处于乱战状态。

观念认识不到位，原有法规不适应。迄今为止，人们对于分享经济的理解还只是实证分析和现象观察，系统科学的理论研究还比较缺乏。比如，分享经济发展的社会财富效应、对社会就业总量和结构的影响、相关宏观制度设计等，既没有系统的理论指导，也缺乏有效的数据支撑。

3. 分享经济趋势展望

分享经济是信息技术革命与人类社会发展需求相适应而产生的必然结果。分享经济加速发展的趋势不可逆转，并将成为人类从工业社会走向信息社会的重要推动力。未来几年，分享经济发展将呈现以下趋势：

（1）内涵持续深化，外延不断扩大

随着分享经济在经济社会各领域的广泛渗透，商业模式的不断创新并走向成熟，其内涵和外延都将发生显著变化，其影响也将从提升经济效率拓展到推动社会转型。随着产业规模持续快速扩大，分享经济对经济发展的贡献率将显著上升。人类可以通过分享来共同面对和努力解决贫困、经济衰退乃至气候变化等全球性问题。目前分享经济主要活跃在交通、住房、教育、医疗、家政、金融等与人们生活相关的服务业领域，未来将迅速渗透到基础设施、能源、农业、制造业等更多生产性领域。

（2）竞争日趋激烈，少数企业胜出

由于市场潜力大、进入门槛低，目前尚未形成稳定的竞争格局，未来几年分享经济领域的竞争将更加激烈。网络经济具有赢家通吃的特点，部分发展较快的领域将由少数企业独占鳌头。未来几年在中国出现若干家巨无霸平台型企业是完全有可能的。分享型企业要想立于不败之地，应该坚持以“用户为中心”，依靠价值创造来获取可持续发展能力。在发展过程中，企业应加强自我监督，主动履行社会责任，不能因为当前存在制度缺失或管理的灰色地带就放松对自身的要求，更不能以侥幸心理利用制度漏洞获取不正当收益。

（3）传统企业转型，积极拥抱分享

传统企业面对分享经济发展浪潮，大致有三种表现：漠视观望、不知所措、积极参与。企业应该认识到分享经济会给自身带来一定的冲击与挑战，但更多的还是新的发展机遇。越来越多的企业正在采取不同策略适应并积极参与分享经济，获得新的竞争优势。一些企业正通过与创新企业合作创造新的价值。如在办公空间分享领域，万豪集团（Mariott）、微软等与LiquidSpace公司开展合作，将其视为一个新销售渠道或办公室预订手段。喜达屋（Starwood）酒店集团也与Desks Near Me公司开展了类似合作。在零售领域，美国最大的有机食品超市全食超市（Whole Foods）与共享物流配送公司Instacart在全美15个城市进行合作，提供1小时到达的配送服务，客户平均采购量迅速上升到之前的2.5倍，每周销售金额增加了150万美元。此外，有条件的企业正在积极实施转型发展战略。越来越多的制造业企业正在积极推进基于互联网的个性化、网络化、柔性化制造模式和服务化转型。宝马、奔驰、奥迪等汽车巨头引入分享经济模式，在以租代售、停车共享等领域已经取得了很好的效果。

（4）监管体系重构，社会协同治理

分享经济的全面发展既对政府治理创新产生了显著的“倒逼”效应，也为构建多方参与的协同治理模式提供了经验积累、技术与数据支撑。协同治理既是分享经济发展的客观要求，也是其必然结果，政府、企业、社会组织、用户在其中分别发挥重要且不可替代的作用。

就政府而言，既要为分享经济发展创造宽松环境，又要妥善处理创新引发的利益平衡矛盾。尤其是在分享经济发展初期，多数企业和产业发展仍处在探索创新阶段，政府可以在建立和完善补位性、底线性、保障性的制度与规范等方面多做一些工作，如及时修改已经明显不适用的法律法规，研究制定以用户安全保障为底线的创新准入政策，尽快完善适应新业态发展的社会保障机制，加快推进公共数据开放和社会信用体系建设，积极利用大数据等新技术手段实现精准治理。

对企业而言，企业内生性治理将成为社会协同治理的重要组成部分，并日益发挥重要的作用。分享经济平台在发展过程中形成的准入制度、交易规则、质量与安全保障、风险控制、信用评价机制等自律监管体系，既保障了自身的可持续发展，也成为政府实现有效监管的重要补充。企业发展过程中形成的大数据为政府监管提供重要依据，在个人信息保护方面的责任也明显加大。

就社会组织而言，产业联盟、行业协会在加强产业间联系与协作、推进信息共享和标准化建设等方面将发挥越来越重要的作用。美国的 Indiegogo 公司、RocketHub 公司和 Wefunder 公司三家自发联合成立了众筹业务监管协会，英国的 Zopa 公司、Funding Circle 公司和 RateSetter 公司发起成立了 P2P 网贷协会，对加强行业自律、促进与监管部门沟通等发挥了重要作用。近年来国内分享经济各领域也出现了许多行业组织，在促进协调沟通、资源共享、行业自律等方面将发挥更大作用。

（5）倡导开放包容，走向信息社会

创新性的商业实践通常都领先于制度与法律进程，在这个过程中，不能强迫新生事物符合旧的制度框架，需要给创新留有试错的余地。分享经济发展带来的挑战需要通过制度层面的积极调整予以回应和因势利导，而不是用固有的条条框框去扼杀创新。从未来发展趋势看，支持和鼓励创新将成为政府监管与各项制度设计的基本原则，有利于新事物成长的“试错空间”将越来越大，分享经济充分发展的红利将惠及每一位社会成员，推动人类走向更加开放、包容、和谐的信息社会。